AF392403

SEO

RUBÉN GARCÍA

www.seo.guiaburros.es

EDITATUM

Diseño de cubierta: © LOOKING4

Maquetación de interior: © EDITATUM

Primera edición: Octubre de 2019

ISBN: 978-84-120556-2-7

Depósito legal: M-33117-2019

IMPRESO EN ESPAÑA/ PRINTED IN SPAIN

Si después de leer este libro, lo ha considerado como útil e interesante, le agradeceríamos que hiciera sobre él una **reseña honesta en Amazon** y nos enviara un e-mail a **opiniones@guiaburros.es** para poder, desde la editorial, enviarle **como regalo otro libro de nuestra colección.**

Agradecimientos

Quiero agradecer a Editatum por haber confiado en mí para escribir este GuiaBurros, que seguro va ayudar a muchos lectores a conseguir sus objetivos de posicionamiento en buscadores como Google.

Quiero darle las gracias especialmente a Borja Pascual, por animarme a escribir este libro donde desplegar gran parte de los conocimientos adquiridos en tantos años de experiencia en el posicionamiento web. También a Sebastián por los consejos facilitados para la redacción, que fueron de inestimable ayuda.

A Posiciona +, por haber apostado por el patrocinio de este libro.

A nuestros clientes; con todos ellos ponemos en práctica todo el conocimiento adquirido, y con ellos hemos logrado que los resultados y los objetivos conseguidos nos hagan crecer una y otra vez.

A todos mis socios, pasados y presentes; de todos aprendí y en ese camino continúo. Especialmente a Julián Campos: con él empezó este camino del posicionamiento SEO, que hoy da un paso más con la publicación de este libro.

A Pablo y a Israel, por estar presentes en todos los buenos momentos, pero también —y especialmente— por estar en los que no lo fueron tanto.

A todos y cada uno de los miembros de mi familia. Con especial mención a mi padre, mi gran maestro; también a Vicente y a Jaime, quienes me enseñaron las pautas comerciales en tiempos analógicos, que todavía hoy me abren puertas infinitas hacia el camino de la conversión de mis clientes.

Y muy especialmente a Luis, por darme cada día la respuesta a por qué dedicar tanto esfuerzo y tanta lucha.

Sobre el autor

 **Rubén García** es fundador y CEO de **Posiciona** +, la agencia y consultoría SEO con clientes posicionados en infinidad de términos en los motores de búsqueda como Google.

Con toda su carrera profesional desarrollada en departamentos comerciales con varias direcciones a sus espaldas en diferentes sectores, le tocó adaptar los mismos a la nueva era digital con *ecommerce* y posicionamiento *web*. Este paso cambió su carrera profesional, acabando por fundar y dirigir varias empresas de diseño *web* y posicionamiento SEO, como Wesphera, MediaTri y otras.

Con miles de posicionamientos pasados y presentes en todo tipo de términos de interés en los distintos sectores que operan en la red de redes, como gestión de flotas, *catering*, eventos, fisioterapeutas, detectives, alquiler audiovisuales, decoración infantil, peluquerías caninas, centros de belleza, *apps* informáticas, comida ecológica, psicología y un largo sinfín de palabras clave posicionadas en la actualidad.

Autor de artículos especializados en el posicionamiento en motores de búsqueda como «La revolución del SEO», «El SEO sobrevive al SEM» y «En Google no hay atajos».

Índice

¿Qué es el SEO?

Es una abreviación que quiere decir textualmente en inglés *search engine optimization*, que traducido al castellano significa «optimización para motores de búsqueda».

El SEO por tanto, es el conjunto de técnicas y trabajos empleados en cualquier *web* o *blog* para su buen posicionamiento en los motores de búsqueda. Está especialmente relacionado con Google por su dominio del mercado de las búsquedas en internet de los términos más importantes de cada una de las temáticas de las páginas *web* o *blogs*.

Los motores de búsqueda utilizan algoritmos para posicionar las *webs* o *blogs* con un *ranking* otorgado para cada uno de los términos en base a la calidad informativa de dichos sitios *web*. En concreto, Google utiliza en el algoritmo, para dicho *ranking*, más de 400 parámetros distintos. Debido a ello existen infinitas posibilidades para mejorar el posicionamiento. El sistema explicado en este libro es efectivo, rápido y de calidad (*white* SEO). Con esto no queremos decir que no existan otros, ni que este sea el mejor. Simplemente afirmamos que este es efectivo y apto para personas con cualquier nivel SEO, incluso si es básico o nulo.

Entre los parámetros que utiliza el algoritmo de Google para «rankear» las distintas páginas *web* para las búsquedas de las distintas palabras clave, no todos tienen la misma importancia. Para cada uno de ellos el algoritmo aplica un valor diferente, que solo ellos conocen, y además dichos valores van cambiando con el paso del tiempo mediante actualizaciones constantes del mismo.

En actualidad los factores del algoritmo más importantes están relacionados con características afines a la calidad de una *web* o *blog,* como disponer de contenidos originales, elementos visuales de calidad como infografías, imágenes y vídeos, tener visibilidad en la red mediante artículos de opinión, notas de prensa o foros, ser activo en redes sociales con seguidores que compartan nuestro contenido y contar con enlaces externos de páginas *web* referentes de internet.

Hoy en día el término SEO es uno de los más buscados por los usuarios, debido a la alta demanda de este servicio por la mayoría de la empresas. Todas ellas necesitan digitalizar sus negocios diseñando y mejorando sus páginas *web*, y el posicionamiento de las mismas en los buscadores como Google es siempre un objetivo prioritario.

Ante este escenario ya hay millones de personas interesadas en el conocimiento SEO, bien para aplicarlo en sus propios sitios *web* o *blogs,* o para utilizar dicho conocimiento en una mejora laboral debido al alto interés de las empresas por la mejora de sus posiciones en Google.

Toda empresa o negocio necesita crecer en facturación, y el medio *online* es un lugar perfecto para hacerlo. Por ello millones de empresas en los últimos años han apostado por la expansión en este medio. Esto ha hecho crecer sin parar los recursos económicos y humanos destinados al diseño *web*, redes sociales, campañas de *marketing* y muy especialmente el posicionamiento SEO. En este escenario, Google siempre es una de las prioridades por los millones de visitas que es capaz de generar en infinidad de sectores de negocio *online*.

¿Qué es el *white* SEO?

El *white* SEO es un término anglosajón que se usa para denominar al conjunto de técnicas y acciones utilizadas para posicionar una *web* en Google con buenas prácticas.

En los comienzos del buscador, en el año 1998, la práctica mayoría de los expertos en posicionamiento utilizaban trabajos pertenecientes al *black* SEO, que es exactamente lo contrario. Era el conjunto de técnicas utilizadas para posicionar una *web* con malas prácticas, como publicar textos ocultos a la vista con redundancia de palabras clave, compras de enlaces externos masivos, abuso del *anchor text* con la palabra clave (texto de los enlaces) y otras.

Google, en su afán por mejorar el servicio para sus usuarios, comenzó a luchar contra estas malas prácticas aplicando cambios constantes en su algoritmo. Estos cambios buscaban y penalizan a aquellas páginas *web* que abusaban o simplemente utilizaban estos atajos o engaños para posicionarse en su buscador. Con ello conseguían mejorar la experiencia de los usuarios porque se acaban, posicionando de forma natural las páginas que realmente responden a la información que buscan los usuarios con la mejor de las informaciones, productos o servicios.

Dos grandes cambios en este algoritmo fueron denominados Panda y Penguin. El primero llegó con una primera versión anexada al algoritmo en el año 2011 con la finalidad de encontrar y penalizar a páginas *web* o *blogs* con contenidos duplicados o poco originales. Y el segundo llegó con una primera versión anexada al algoritmo en el año 2012, con el objetivo de encontrar y penalizar a páginas *web* o *blogs* con enlaces externos (*backlinks*) desde sitios *web* de dudosa o nula reputación. Estos cambios llegaron para quedarse y dieron un vuelco a millones de búsquedas con cientos de miles de *webs* y *blogs* que perdieron sus posiciones privilegiadas en millones de búsquedas mediante el uso de malas prácticas.

Debido a ello, todos los especialistas en el posicionamiento *web* para buscadores como Google se olvidaron del uso de estas malas prácticas y comenzaron a usar técnicas de trabajo mucho más éticas. Además el propio buscador comunicaba mediante comunicados, vídeos y entrevistas estas nuevas pautas de posicionamiento en el buscador para el conocimiento de los especialistas en SEO.

Las buenas prácticas para el posicionamiento de una *web* o *blog* en la actualidad en Google son:

- **Publicar contenido con texto de calidad** respondiendo a las preguntas que buscan los usuarios sobre una palabra clave.

- **Acompañar al contenido con medios audiovisuales** como imágenes, vídeos, infografías, audios y cualquier otro medio que ayude al usuario a disfrutar de una buena comprensión de la información facilitada en la *web*. Todos ellos, por supuesto, han de ser originales.

- **Publicar contenido de una forma periódica en la *web* o *blog*.** Cuanto mayor sea el volumen de contenido original publicado mejor será el posicionamiento general de nuestra *web* en Google, así de sencillo.

- **Actualizar de forma periódica nuestras redes sociales.** Para Google nuestras redes sociales son extensiones propias de una *web*. Cuanto mayor sea el número de publicaciones e interacciones en redes sociales mayor será la fuerza con la que nos ayudan a posicionar la *web* en Google.

- **Conseguir enlaces externos de calidad**. Para el algoritmo de Google los enlaces externos que apuntan hacia una *web* o *blog* siguen teniendo un valor fundamental. Eso sí, han de ser enlaces de calidad que provengan de *webs* o *blogs* referentes del sector en el que queremos posicionar cualquier palabra clave.

- **Obtener popularidad en la red**. Cuanto mayor número de veces otras *webs* hablen de nuestra marca o dominio mayor será la confianza que el motor de búsqueda tendrá en nosotros. Y a mayor confianza en las páginas que hablan sobre nuestra marca, mayor será la fuerza con las que nos puntúan en el algoritmo con esas citas que otros hacen sobre nuestro dominio en internet.

En conclusión, *white* SEO son todas y cada una de las prácticas que ayudan a convencer al algoritmo de que la *web* o *url* que queremos posicionar es de fiar, y además es o se está convirtiendo en un referente dentro del sector o ámbito de la *web* que queramos posicionar.

Por tanto, es importante saber que el único camino para estar bien posicionado en Google es el trabajo de calidad. Ya no existen atajos para llegar a la primera página de búsquedas de cualquier término. No es posible engañar al buscador con técnicas de *hacking* como hace una década. La única forma de posicionar una *url*, *web* o *blog* es el trabajo duro, constante y de calidad.

Pero en realidad este es un gran beneficio. A diferencia del medio *offline*, donde es crucial hacer fuertes inversiones para posicionar tu marca para que esta sea visible por los consumidores, en el medio *online* esto se puede suplir con un trabajo duro y de calidad. Para posicionar cualquier *url* en Google no es necesario ser el que más capital invierte, simplemente el que más trabaja.

¿Qué es y cómo funciona el algoritmo de Google?

El algoritmo de Google es el motor del buscador. Es un conjunto de fórmulas matemáticas diseñadas por la empresa desde sus comienzos. Él mismo se encarga de posicionar las páginas *urls*, *webs* o *blogs* en el orden conveniente para la búsqueda de los millones de términos que buscan los usuarios en el portal cada día.

En la actualidad, el algoritmo cuenta con más de cuatrocientos parámetros diferentes, con un valor diferente asignado a cada uno de ellos. En base a la puntuación obtenida en todos esos parámetros, la *web* o *url* estará mejor o peor posicionada.

El equipo de Google que trabaja en su diseño lo mejora de forma frecuente, intentando con ello mejorar la experiencia de los usuarios en las búsquedas y encontrando realmente la información que buscan.

Dentro del algoritmo ya se aplica una parte de IA (inteligencia artificial) que aprende y mejora las búsquedas con el paso del tiempo, con infinidad de nuevas mejoras y millones de pruebas realizadas.

Una de las misiones del algoritmo es la de reconocer y posicionar las distintas *urls* que están publicadas y se publican cada día. Cabe resaltar que ya en el año 2014 esta cifra superaba los más de mil millones de dominios únicos, y esa cifra no ha hecho más que crecer año tras año.

En base a estas cantidades ingentes de información, el algoritmo ha ido aprendiendo a saber por qué páginas *web* ha de pasar con mayor frecuencia y por cuáles menos. Esto lo hace en referencia especialmente a la cantidad de contenido que publicamos en una *web*, dominio o *blog*, cuál es el nivel de originalidad de ese contenido y cuál es la frecuencia en la que publicamos dicho contenido. A mayor frecuencia de publicación y mayor calidad de lo publicado, mayor será el número de veces que pase por nuestra *web*, más confiará en nuestro trabajo y mejor será el posicionamiento general de la *web* o *blog*.

Otra de las grandes diferencias del algoritmo actual con respecto a sus primeras versiones es el de la velocidad en el procesamiento de nueva información publicada. Este es un punto fundamental; a nuestros clientes de hace una década se les ofrecían resultados a tres o cuatro meses vista, pero hoy en día se los ofrecemos a solo tres semanas. La explicación no es que nosotros vayamos más rápido, sino que el algoritmo procesa la información y los cambios publicados de una forma mucho más veloz.

Si con nuestro nivel de trabajo publicado le mostramos que somos capaces de publicar mucho contenido, de mucha calidad y con una alta frecuencia, el algoritmo confiará en nuestra *web* o *blog*, pasará con la frecuencia mínima a la que le vayamos acostumbrando con nuestras publicaciones y veremos grandes mejoras en el posicionamiento general de la *web* en poco tiempo. Si por el contrario vamos a una menor frecuencia en la publicación de *posts* y son de menor calidad, posicionaremos la *url*, *web* o *blog* de forma lenta, o directamente no será posible posicionarla.

Nadie puede afirmar con exactitud cuál es la fórmula concreta y los valores asignados a cada uno de las factores que usa el algoritmo para «rankear» las páginas *web*. Esa información solo la conocen con exactitud los integrantes del equipo de diseño. Lo que sí se puede afirmar es que todos los factores que ahora puntúan con valor están relacionados con la calidad informativa de la *web* y tiene toda la lógica del mundo. Si quieren asentar su posición de motor de búsqueda más importante del mundo, lo mejor que pueden hacer es mantener la calidad de su servicio y mejorarla si pueden. Para ello, la mejor forma de hacerlo es ofrecer a los visitantes las mejores páginas; las mejores realmente, no las que mejor sepan engañar a su algoritmo.

Con lo que, si nos concentramos en hacer la mejor página *web* o *blog* de un sector y ofrecer a los visitantes la mejor información, tendremos mucho ganado para estar situado entre los primeros en esas búsquedas de palabras clave. No es necesario para ello tener el mejor equipo de diseño *web;* si lo tienes, mejor, pero si no lo tienes bastará solo con que estés dispuesto a ser el que más trabaja de una forma honesta (contenidos originales).

¿Cuáles son los factores de posicionamiento *web*?

Como hemos comentado anteriormente, en el algoritmo de Google existen más de cuatrocientos factores de posicionamiento y solo ellos conocen exactamente cuáles son y cómo están puntuados.

Pero gracias al trabajo de cientos de miles de especialistas en todo el mundo y también a las comunicaciones oficiales que han hecho desde el propio buscador, los podemos clasificar entre cinco grandes grupos:

- **Experiencia del usuario**. En este grupo se encuentran los factores más importantes para el posicionamiento de una *web* o *blog*, como el tiempo pasado por los visitantes en la *url*, cuántas páginas ha visitado dentro del mismo dominio, CTR (porcentaje de clics respecto al número de veces que aparece el anuncio y porcentaje de rebote entre otros.

- **Contenido**. Es el segundo grupo de factores por orden de importancia en el algoritmo responsable de posicionar las *webs* y *blogs*. En él se agrupan parámetros como cantidad de texto, originalidad del texto, número de imágenes, nivel de originalidad de las imágenes, número de videos, porcentaje de originalidad de los vídeos, porcentaje de palabras clave en el texto y estructura de etiquetas H entre otros.

- **Enlaces**. Era el grupo de parámetros más importante cuando Google comenzó. Desde entonces, con el paso de las modificaciones del algoritmo fue perdiendo importancia, pero ojo, sigue siendo el tercer grupo en importancia y por tanto no hay que descuidar su trabajo. Entre otros factores se encuentran los enlaces externos, enlaces internos, variedad del texto de los enlaces, enlaces con imágenes y enlaces con comando *dofollow* entre otros.

- **Redes sociales**. Es el último grupo de factores que se aplicaron al algoritmo como factor de posicionamiento *online*. Algunos expertos aseguran que no forma parte el algoritmo, pero podemos asegurar que sí. De forma directa e indirecta. A mayor interacción en redes sociales y mayor frecuencia de publicación de contenido original sin automatizar este proceso, mayor fuerza dirigida a la *web* o *blog*, y mejor será el posicionamiento de la *web*. Como factores que integran este grupo de factores se encuentran el número de publicaciones en Facebook, el número de acciones alcanzadas en Facebook, número de seguidores de Facebook, número de *tweets* en Twitter, el número de seguidores en Twitter, el número de publicaciones en Instagram, el número de seguidores en Instagram, el número de publicaciones en Linkedin, el número de seguidores en Linkedin, el número de *pins* en Pinterest, el número de seguidores en Pinterest y así una larga lista de parámetros parecidos en otras redes sociales.

- **Reputación *online***. Este es el último grupo de los parámetros más importantes que utiliza el algoritmo en la actualidad para posicionar las *urls*. En él se agrupan parámetros como cuál es el número de enlaces externos que apuntan hacia todo el dominio, cuál es la antigüedad del dominio, cuál es el nivel de calidad de los enlaces que apuntan al dominio, cuál es el número de veces que citan al dominio sin enlace en otras páginas *web* de internet y cuál es el nivel de confianza de las páginas *web* donde citan al dominio entre otras.

En la actualidad, para alcanzar un buen posicionamiento es necesario el equilibrio entre estos cinco grupos de parámetros. Si no es posible ser el mejor en alguno de ellos podemos suplirlo con la media entre los demás. Si conseguimos ser los mejores en una gran parte de ellos, estaremos en primera página de cualquier búsqueda o directamente en la primera posición, si realmente somos los mejores.

Lo más importante es que, a diferencia del mundo *offline*, donde únicamente puedes conseguirlo con fuertes inversiones, en el medio *online* y en Google en particular, puedes conseguirlo si eres el que más y mejor trabaja.

Contamos por miles, los excelentes posicionamientos de clientes que fueron capaces de posicionarse en términos más o menos complicados por delante de empresas que las superaban en poder financiero en el medio *offine*. Y fueron capaces de conseguirlo gracias a trabajar con las pautas adecuadas, de forma dura y honesta.

Por ello afirmamos que, si sigues los pasos explicados en este libro, puedes posicionar cualquier página *url*, *web* o *blog* en cualquier término, por competido que sea. Solo es necesario que tengas la voluntad de trabajar, con mayores o menores recursos, más fuerte y con mayor calidad que el resto de empresas que ya ocupan esas posiciones en la actualidad.

¿Qué es la experiencia del usuario?

Este es el factor de posicionamiento más importante en la actualidad, y trata sobre la calidad de la experiencia que ha tenido el usuario al visitar una *url*. El algoritmo de Google que se encarga de determinar qué *urls* ocupan las distintas posiciones cuando buscamos una palabra clave no está fijada, sino que los ingenieros que se encargan de su diseño la actualizan cada cierto tiempo en su afán por mejorar las búsquedas.

Como hemos adelantado antes, en los comienzos del buscador, allá por el año 1998, el algoritmo contaba como factor principal de posicionamiento con el número de enlaces externos que apuntaban hacia una *url*. El que era capaz de conseguir un mayor número enlaces externos apuntando hacia su *url* era el que solía ocupar el primer puesto. Pero como hemos comentado antes, este factor ha ido cambiando con el paso de los años, así como el número de actualizaciones que se han ido realizando sobre el algoritmo. No es que los enlaces externos no tengan importancia a día de hoy: la tienen y mucho. De hecho, forman parte del tercer grupo de factores más importantes.

Pero el grupo de factores con mayor importancia en la actualidad en el algoritmo que posiciona las *urls* es, sin duda, el que forma parte de la experiencia del usuario. Y tiene todo el sentido. Si Google quiere mejorar el servicio que ofrece a sus visitantes, lo más lógico es mejorar su algoritmo una y otra vez para que este encuentre las mejores páginas *web* que respondan realmente a las preguntas, productos o servicios que están buscando estos usuarios que pensaron en Google para encontrarlo.

Debido a ello, Google ha ido haciendo exactamente eso: mejorar su algoritmo una y otra vez para favorecer las mejores páginas *web* o *blogs* que respondan a esas búsquedas, y a su vez, perjudicar a las páginas *webs* o *blogs* que sólo intentaban posicionarse engañando al algoritmo mediante malas prácticas como el simple abuso de palabras claves en los textos y la compra de enlaces. ¿Cómo lo han logrado? Entre otras mejoras del algoritmo, otorgando una mayor puntuación a factores relacionados con la buena experiencia del usuario en un sitio *web*.

Estos factores relacionados con la buena experiencia del usuario son:

— **CTR**. El CTR es una abreviatura que significa textualmente en inglés clic *through ratio*, que quiere decir «porcentaje de entradas» o clics a la *url*, en base al número de veces (impresiones) que ha aparecido el anuncio de una *url* en la búsqueda de una palabra clave. A mayor porcentaje, mayor valor en tu posicionamiento.

— **Porcentaje de rebote**. Es el mayor factor negativo del algoritmo. Está relacionado con la cantidad de usuarios que salen de la *web* porque no han encontrado la información que estaban buscando. A mayor porcentaje de rebote, peor para el posicionamiento de una *url*.

— **Tiempo en la *url***. Este es un factor vital, uno de los más importantes del algoritmo. Está relacionado con el tiempo que pasa un usuario en la *url* una vez que ha entrado buscando un término en el buscador. El tiempo que pasa allí aumenta si la información y el contenido publicado en nuestra *web* responde exactamente a lo que estaba buscando a través de Google. Cuanto mayor sea el tiempo que pasa un usuario en la *url*, mayor será la mejora en su posicionamiento.

— **Estructura *web***. Cuanto mejor sea la estructura de una *web* reflejada en su *sitemap* (directorio *web*), más ayudará al posicionamiento general de sus *urls* debido a que los visitantes podrán complementar la información de la *url* por la que accedieron al dominio con otras *urls* vistas dentro del mismo.

— **Diseño *web***. Cuanto más atractivo sea el diseño *web* más fácil será combatir la tasa de rebote, más fácil es que suba el tiempo pasado por los visitantes en la *web* y mejor será el posicionamiento general de la *web* o del *blog*.

Todos los trabajos expuestos en este libro están relacionados en gran medida con este grupo de parámetros basados en la buena experiencia de un usuario al llegar a una de las *urls* de la *web* o el *blog*, mediante una búsqueda producida en Google.

Cuanto mejor sea la experiencia de los usuarios, mejor será el posicionamiento de la *web*. Cuanto mejor sea el posicionamiento de una *web* o *blog* mediante diferentes *urls*, mayor será el volumen de las visitas de usuarios. Y cuanto mayor sea el volumen de usuarios, mayores serán las posibilidades de obtener ingresos mediante los servicios, productos o información ofrecidos en cualquier *web* o *blog* que queramos posicionar.

¿Qué es el peso de una web?

Un punto importante a tener en cuenta es saber que un dominio puede posicionar diferentes *urls* del mismo dominio. Habitualmente tendemos a pensar de forma errónea que solo hay que colocar la *home*. La *home* es la *url* o dirección *web* principal, y lo propio es que este posicionada en algún término importante del segmento de mercado al que se dirige el negocio de la *web*.

Pero no debemos olvidar que un buen trabajo SEO es el que consigue posicionar muchos términos diferentes en muchas *urls* o direcciones *web* distintas dentro del mismo dominio. Una forma de comprobar el total de *urls* distintas dentro de la misma *web* es buscar en Google:

site:ejemplo.com

El resultado de este búsqueda es el peso total de la *web*, y es uno de los parámetros importantes en los que se basan los algoritmos como el de Google. Uno de los trabajos que leeremos más adelante es hacer crecer este peso posicionando a la vez términos diversos en distintas *urls*. El mejor ejemplo de este trabajo SEO llevado al extremo es la plataforma Wikipedia. Esta cuenta con más de 800 000 *urls* distintas, posicionadas en millones de términos de infinidad de sectores diversos.

Algunas de las acciones y trabajos SEO de este libro están estrechamente ligados con este parámetro con el objetivo de ganar peso con el paso del tiempo. No solo es importante tener mucho peso web sino también es importante cuando lo hemos ganado y con qué frecuencia. Por ello, cuando pretendemos posicionar una url y nuestros competidores por ese término ya cuentan con un peso mucho mayor del nuestro podemos adelantarles no con el parámetro de peso total pero sí con los parámetros del peso ganado en el último año, en el último mes y en la última semana.

¡OJO!

Al algoritmo de Google le gusta premiar a quien ha trabajado más en total, pero también le importa mucho quién trabaja más ahora.

¿Qué es el SEM? ¿Cuál es la diferencia entre SEO y SEM?

Es una abreviatura que quiere decir textualmente en inglés *search engine marketing*, lo que traducido al castellano significa «acciones de *marketing* para motores de búsqueda». Aunque textualmente se debería referir, en general, a cualquier acción para mejorar el *marketing* de nuestro dominio en buscadores, se la conoce en todo el mundo virtual como el conjunto de acciones para mejorar el posicionamiento y conversión de los anuncios de pago; al contrario del SEO, que se refiere al conjunto de acciones para mejorar el posicionamiento en los resultados orgánicos o naturales.

Google nació en 1998. En sus comienzos la plataforma solo ofrecía resultados naturales, sin anuncios en los resultados. El 23 de octubre del año 2000 esto cambió y aparecieron por primera vez los archiconocidos anuncios Adwords de Google, anuncios de pago a los que cualquier empresa puede acudir para aparecer en cualquier búsqueda, pagando un precio por cada clic de un nuevo usuario que entre en su *web* mediante dichos anuncios.

Durante la primera década del siglo XXI, los resultados de los anuncios de pago (SEM) estaban situados en la parte derecha de la pantalla, con fondos de colores diferentes para diferenciar los anuncios de los resultados orgánicos. Los fondos de colores fueron cambiando con el paso de los años; primero amarillo, luego azul y así sucesivamente. Fueron cambiando, haciendo desde el buscador diferentes pruebas con resultados que solo ellos conocen.

Esto conseguía que los primeros puestos visuales en la primera página de búsqueda fueran otorgados a la parte natural de los resultados orgánicos (SEO). Eso proporcionaba a los primeros tres puestos o páginas *web*, casi el 50 % del total de los clics de los internautas que buscaban dichos términos.

A partir del año 2010 esto fue cambiando. Desde ese año, Google comenzó a colocar visualmente los anuncios de pago (SEM) en la parte superior de la primera página. Esto cambió en grandes cifras el volumen de usuarios que antes entraban en los primeros resultados de búsqueda natural (SEO) hacia las empresas anunciantes.

Se llegó a afirmar que el SEO había muerto, pero solo había cambiado. Desde entonces los grandes expertos nos hemos ido dando cuenta de la importancia de depender no solo de un término de búsqueda importante, sino de la suma de muchos de ellos (*long tail*). El mejor ejemplo lo hemos puesto antes: Wikipedia cuenta con millones de visitas cada día sin invertir nada en anuncios de pago. ¿Cómo lo consigue? Ofreciendo la mejor y más completa respuesta a millones de preguntas que realizan los internautas cada día. De esta forma consiguen tener bien posicionadas cientos de miles de *urls* diferentes dentro del mismo dominio, lo que le otorga millones de visitas de usuarios cada día.

Cuando nuestros clientes nos preguntan dónde deben tener posicionadas sus *webs*, si en la parte de resultados naturales (SEO) o en la parte de resultados con anuncios de pago (SEM) siempre les damos la misma respuesta: «Si puedes, en las dos. Pero si tienes que elegir únicamente una, en los resultados naturales (SEO)».

La explicación es muy sencilla. El mejor escenario sería estar en las dos, porque las dos tienen una excelente conversión y además está demostrado que casi un 50 % de los internautas comienzan a ver los resultados empezando por los anuncios y el otro 50 % los omiten directamente y empiezan a verlos desde el primer resultado orgánico. Por tanto, lo mejor sería estar bien posicionado en los dos.

Sin embargo, si únicamente puedes elegir una, es mejor elegir el trabajo SEO, porque realizado con buenas pautas y mucha calidad de contenidos, da unos resultados más duraderos y de menor coste económico.

La parte positiva de estar bien posicionado en la publicidad de Google es la rapidez. Puedes crear la cuenta de Adwords en solo tres minutos, registrar los datos, crear los anuncios, y una vez aprobados en solo media hora empiezan a aparecer en los resultados de búsquedas. Las variables para el posicionamiento de los anuncios está muy relacionada por cuánto estás dispuesto a pagar por cada clic. Por tanto, al final son los propios anunciantes los que marcan el valor de los clics. Si el sector es muy competido los precios se pueden disparar hasta límites increíbles con un sistema similar a una subasta. La parte negativa es que, cuando paras las campañas, los clientes dejan de llegar.

Por el contrario, en los trabajo SEO, cuando consigues posicionar una url en una palabra clave en primera página, en franja alta si es posible. Si la experiencia del usuario es buena, mantendrá su posición de forma estable y no tienes que seguir trabajando sobre ella sino que puedes empezar a trabajar para posicionar la siguiente url. Ese el auténtico trabajo de posicionamiento web en Google, el de posicionar una url tras otra para estirar el long tail y tener muchas visitas a la web desde muchas urls diferentes con visitantes que buscan términos relativos o afines al negocio de la web. La parte más positiva es que cuando paras el trabajo, los clientes siguen llegando porque las urls están bien posicionadas.

¿Qué ventajas tiene saber como posicionar una *web* en Google?

Innumerables. El trabajo de especialistas en SEO es uno de los más demandados en la actualidad y el porqué es algo sencillo de explicar. Toda empresa necesita crecer en ventas y Google generalmente es el mejor sitio para hacerlo.

Aprender a posicionar en el buscador puede disparar el volumen de visitas a cualquier página *web* o *blog*. También puede disparar las opciones de encontrar o mejorar tu trabajo porque es un servicio altamente demandado por infinidad de empresas.

A día de hoy, el buscador procesa millones de búsquedas cada día en infinidad de sectores diferentes. Detrás de esas búsquedas se encuentran millones de personas buscando productos, servicios o información. Esa es la importancia de tener la *web* bien posicionada en Google, donde si estamos bien colocados obtendremos de una forma gratuita un volumen de nuevos usuarios que entrarán en nuestra página *web*, buscando productos o servicios iguales o similares de los que ofrecemos en nuestra *web*.

Para un buen posicionamiento de nuestro negocio en el medio *online* es crucial estar presente en los términos y preguntas que busca la gente en Google. Dependiendo del sector en que trabajemos, también es importante estar bien colocado en otras plataformas como:

— **Amazon**, si nuestro negocio está relacionado con *ecommerce*, libros y cualquier sector de tecnología *low cost*.

— **Instagram**, si nuestro negocio está relacionado con la moda, fotografía, alimentación saludable, cuidado personal y otros.

— **LinkedIn**, para la práctica totalidad de los sectores donde se ofrecen servicios de consultoría, agencias de comunicación, celebración de eventos y otros.

— **YouTube**, cuando nuestro negocio está relacionado con los viajes, la música y otros.

— **Airbnb**, si nuestro negocio está relacionado con el alquiler de apartamentos turísticos.

Y así podríamos seguir con una larga lista de sitios *online* en los que las empresas o personas pueden hacer crecer su negocio y facturación.

Pero a diferencia de todas estas plataformas en las que encontramos sectores más o menos viables para estar presentes y encontrar una mejora del negocio de la empresa, Google es una plataforma mucho más global en la que tienen cabida todos los sectores anteriormente citados y el resto.

Por ello, en todos los *ranking* de plataformas más visitadas y con mayor tiempo pasado por los internautas en una *web* aparece en primer lugar Google.

Otra de las ventajas de un buen trabajo SEO y de saber posicionar una *web* en determinados términos, es que las *urls* se posicionan por idiomas, de tal forma que si el contenido de tu *web* está en español, no solo se va a posicionar en el país natural de la *web*, sino también en el resto de países donde este idioma se hable de forma generalizada. Con ello aspiras a un número de posibles usuarios de más de 570 millones, lo que supone casi un 8 % del total de la población mundial.

Si quisiéramos hacer campañas de *marketing* en el medio *offline* hablaríamos de inversiones difícilmente asumibles para muchos. Pero sí pueden hacerlo en trabajadores, agencias o consultorías SEO que les ayuden a posicionarse en términos en Google con inversiones en recursos humanos mucho más asumibles.

También contamos como dato a favor general en las ventajas de un buen posicionamiento en un mercado *online* frente al *offline*. Si queremos montar una empresa en cualquier sector y convertirnos en uno de los operadores más importantes de este mercado tendremos que invertir muchos recursos económicos para conseguirlo: un local, productos, trabajadores, impuestos y así un largo sinfín de gastos. Pero si queremos montar la misma empresa en el medio *online* nos vamos a ahorrar todos esos gastos, los costes serán mucho menores y además —lo más importante—, en el medio *online* la forma de ser un referente y ocupar las mejores posiciones en los resultados orgánicos no será para quien más pague, sino para el que más y mejor trabaje.

La importancia de ocupar las tres primeras posiciones

Cuando Google comenzó con sus búsquedas en 1998, y hasta el año 2010, que es cuando Adwords empezó a poner los anuncios en la parte alta de la primera página de búsquedas, los especialistas SEO teníamos como meta ocupar la primera posición de cualquier término, especialmente en aquellas con mayor volumen de búsquedas.

Esto era así porque ese primer puesto otorgaba a la *web* o *blog* un porcentaje muy alto de los clics de los usuarios que estaban buscando información sobre ese término equivalente a un producto, servicio o información. En aquellos años ese primer puesto se llevaba la mayor parte del pastel, con casi un 25 % del total de los visitantes que habían buscado esa palabra clave. El segundo se llevaba la siguiente mayor parte del pastel rondando el 10 % del total de los clics, y el tercero casi la misma con otro 10 %. Entre los tres primeros se llevaban casi el 50 % de los clics relacionados con esas búsquedas.

Tras ellos se repartían el resto del 50 % del pastel entre los otros siete posiciones orgánicas y los anuncios de Adwords, que estaban situados a la derecha.

Esto conseguía marcar como objetivo principal ocupar siempre el primer puesto, porque existía mucha diferencia de clics con respecto al segundo, al tercero y mucho más con todo el resto de *urls* que ocupaban la primera página de búsquedas de cualquier palabra clave.

Pero en el año 2010 esto empezó a cambiar porque los anuncios de Adwords empezaron a publicarse en la parte alta de la *web*. Esto supuso una disminución muy importante de los clics hacia los resultados orgánicos. Fue una revolución para todos los que trabajamos en posicionamiento *web*. Como hemos comentado antes, se llegó a afirmar que el SEO había muerto, pero como ya hemos dicho, lo único que había ocurrido es que había cambiado.

Desde entonces nos hemos dado cuenta que lo importante para el posicionamiento *web* son dos aspectos:

- El primero es ocupar una de las primeras tres posiciones en las búsquedas de términos afines al negocio de la *web* o *blog* en cualquier *url* del dominio. Lo llamamos «situarse en franja alta». ¿Por qué? Porque en los sectores más competidos son los anuncios de Adwords los que ocupan visualmente las tres o cuatro primeras posiciones en la parte alta de la pantalla, favoreciendo —como es lógico— a sus anunciantes, que son los que le reportan grandes ingresos. Pero no todos los usuarios entran en los anuncios, y muchos de ellos prefieren bajar a los resultados orgánicos.

Por ello no es crucial ocupar la primera posición orgánica, porque visualmente no lo es, sino una de las tres primeras posiciones de resultados orgánicos, porque los usuarios, al hacer *scroll* y bajar hacia abajo, van a ver las tres o cuatro primeras posiciones.

Lo que sí es muy importante es intentar tener el anuncio más atractivo de las que están situadas en esa franja alta, para conseguir así un mayor número de clics y mejorar, de paso, nuestro CTR. Esto ayudará a mantener la posición o incluso mejorarla.

- El segundo aspecto importante es el de posicionar cuantos más *urls* mejor. A esto lo llamamos «estirar nuestro *long taib*», consiguiendo que los usuarios entren por cuantas más *urls* distintas mejor, dentro del mismo dominio. En cada sector estudiado te acabas dando cuenta que las páginas o *blogs* con mayor volumen de usuarios son las que tienen una menor dependencia de su *home,* y cuentan con decenas, cientos o miles de *urls* distintas dentro del mismo dominio por las que entran los usuarios desde palabras clave distintas posicionadas en las distintas *urls*.

La meta secundaria y mínima es la de llegar con las *urls* a la primera página de búsqueda del término seleccionado. Lo que no ha cambiado en dos décadas es saber que si no estás en las primera páginas de búsquedas, directamente es como no existir, porque casi nadie lleva su búsqueda hasta la segunda página de resultados. Por tanto, el objetivo mínimo es llegar a primera página, para desde ahí dar el empuje final en el trabajo de posicionamiento *web* y llegar a la franja alta, ocupando alguna de las tres primeras posiciones de resultados orgánicos.

¿Quién puede usar esta guía SEO?

La guía o pautas de posicionamiento SEO explicadas en este libro son aptas para cualquier persona con acceso a una *web* o *blog*. Las mismas son aptas para cualquier sitio *web* de cualquier sector en línea. Este método puede ser utilizado por personas con un conocimiento SEO de nivel profesional, básico o inexistente. A mayor conocimiento, mayor facilidad —es obvio—, pero en realidad el aspecto fundamental es la capacidad de trabajar duro, los recursos humanos y la honestidad (contenidos originales).

Las páginas *web* se pueden dividir en tres grandes grupos en lo que se refiere a su CMS (sistema de gestión de contenidos), en cuanto a la forma de editarlas o modificarlas:

— Las que están alojadas en WordPress (aproximadamente un 30 % del total mundial).

— Las que están alojadas en infinidad de plataformas similares a WordPress (aproximadamente un 30 % del total mundial).

— Las que se editan mediante programación *html* (aproximadamente un 30 % del total mundial).

En todas ellas se pueden aplicar las pautas de esta guía para el posicionamiento *web*, con resultados óptimos.

Lo único imprescindible para el éxito de esta guía de posicionamiento SEO en cualquier motor de búsqueda, y especialmente en Google, es seguir los pasos indicados con la constancia y el esfuerzo requerido en los distintos apartados.

El trabajo necesario y las métricas adecuadas explicadas en los pasos dependen de la calidad SEO de las *webs* que ocupen las primeras posiciones de los términos seleccionados para posicionar en los motores de búsqueda. Dependiendo de las competencias y dificultad de los términos seleccionados estaremos en primera página o primera posición en 20 o 60 días.

La rapidez de los resultados, si seguimos los pasos indicados, también viene determinada por la velocidad en la que el algoritmo procesa los cambios y mejora efectuados en la *web*. Al seguir los pasos también vamos a acostumbrar al algoritmo a que pase con mayor frecuencia por nuestra *web*, convirtiéndonos en uno de los referentes del sector *online*.

Todas las mejoras y pautas a seguir en este libro están basadas en trabajos de calidad. Los algoritmos, especialmente el de Google, intentan mejorar los resultados intentando proporcionar la mejor respuesta a sus usuarios. Por tanto, el mejor camino para conseguirlo es intentar ser los mejores del sector, respondiendo mejor que nuestros competidores a las preguntas que buscan los usuarios e internautas.

¿Qué herramientas necesito para realizar este trabajo SEO?

En el medio *online* existen infinidad de herramientas para ayudarte a realizar los trabajos SEO. Algunas de ellas son de pago, mediante suscripciones mensuales o anuales, pero en este libro solo voy a indicar herramientas gratuitas con las que puedes posicionar cualquier *web*. No es necesario descargar ninguna de ellas porque todas están operativas en línea.

Estas son algunas de ellas:

- **Google**. Sí, aunque parezca obvio, el propio buscador es la mejor de las herramientas gratuitas en línea para cualquier trabajo SEO. En ella podemos encontrar muchas de las respuestas a los pasos a seguir si sabemos como preguntárselo.

  Cuando tengamos cualquier duda, en cualquiera de los puntos necesarios para posicionar una *web*, siempre encontraremos en el buscador una respuesta preguntando exactamente por esa cuestión.

- **YouTube**. Es otra herramienta perfecta para informarnos sobre cualquiera de los trabajos necesarios para el posicionamiento de una *web*. En ella podemos encontrar millones de vídeos informativos sobre cualquier factor de posicionamiento y sobre como realizar cualquier función propia de este trabajo.

- **Google Trends**. Está herramienta es necesaria para encontrar los términos más importantes en cualquier sector al que vaya dirigida una *web*, *blog* o *url*. En la herramienta podemos comparar los flujos de usuarios que buscan cualquier término y compararlos entre ellos para ver cuáles son más importantes para posicionar en las *urls* de un dominio, dependiendo de cada *web*.

  En la misma herramienta podemos personalizar las comparativas de términos por países, franjas de tiempo y otros más.

- **Alexa**. Con esta herramienta, en su versión gratuita, podemos comparar las páginas *web* más importantes de un sector. Al comparar las diferentes páginas que engloban un mismo sector, podemos ver cuáles de ellas obtienen un mayor volumen de usuarios en sus plataformas.

  Una vez hayamos delimitado cuáles son los operadores más importantes de un mismo sector, podemos comprobar de una forma generalizada, gracias a la herramienta, qué términos consiguen un mayor número de entradas en sus páginas. Esta información nos va a ayudar a decidir cuáles son los términos más importantes en el orden de posicionamientos de distintas *urls* dentro del mismo dominio.

- **Analytics de Google**. La herramienta perfecta para analizar todos los parámetros internos de la *web* referentes a la experiencia de los usuarios en cualquier *web*. Con ella podemos comprobar a tiempo real cuántos usuarios visitan nuestra *web* o *blog*, cuánto tiempo pasan, qué *urls* visitan, desde qué dispositivos entran y así un largo etcétera de datos imprescindibles para saber si la experiencia del usuario es positiva en nuestro sitio.

- **Contador de palabras**. Con esta herramienta básica podemos contar el número de palabras de una *url* (dirección *web*) y ver las métricas más representativas de este parámetro de vital importancia para el algoritmo del buscador.

- **Canva**. Es una plataforma con versión gratuita donde se pueden crear imágenes originales con muy poco esfuerzo. En ella podemos crear también infografías de apoyo a los contenidos de las *urls*.

- **Renderforest**. Otra plataforma con versión gratuita, en este caso para la edición de vídeos completamente originales para apoyar en la comprensión del contenido publicado en las distintas direcciones *web* que queremos posicionar.

- **Search console de Google**. Herramienta para conocer con exactitud el posicionamiento de nuestras *urls* en Google, impresiones y porcentaje de clics en comparativa con las impresiones. En ella podemos comprobar cuáles son las oportunidades más claras de mejora SEO.

- **Herramienta para ver los *links* externos de los competidores**. Lo decimos en general porque existen muchas de forma gratuita y hay que ir cambiándolas con el paso del tiempo, por el mejor funcionamiento de otras.

Como estas herramientas podemos encontrar una larga lista de otras similares; en nuestra opinión, con estas sería más que suficiente para el perfecto posicionamiento de cualquier sitio *web*.

Preparación previa del trabajo SEO

¿En qué términos tengo que posicionarme?

Este es un punto esencial del trabajo de posicionamiento *web* en buscadores como Google. Tenemos que marcar los objetivos de posicionamiento para cualquier *web*, para cada una de las *urls* que determinemos principales. Una forma de hacerlo es elegir un término importante para la *home* y marcar una lista de 5, 10, 100 o 1000 términos más para *urls* o direcciones *web* distintas de la principal, dependiendo de los recursos humanos disponibles.

Para la elección de los objetivos o términos que queremos posicionar recomendamos usar una herramienta gratuita para medir el volumen de tráfico de los distintos términos. Así podemos realizar la lista de objetivos principales por afinidad, conversión o volumen de búsquedas totales.

La herramienta recomendada es Google Trends. En ella podemos comprobar los volúmenes de tráfico de distintos objetivos, y así realizar nuestra lista de preferencias. También podemos segmentar los resultados por países entre otras muchas características disponibles.

Por ejemplo, si quisiéramos realizar un estudio de los términos más importantes para una *web* de posicionamiento SEO realizaríamos esta lista y gráfica.

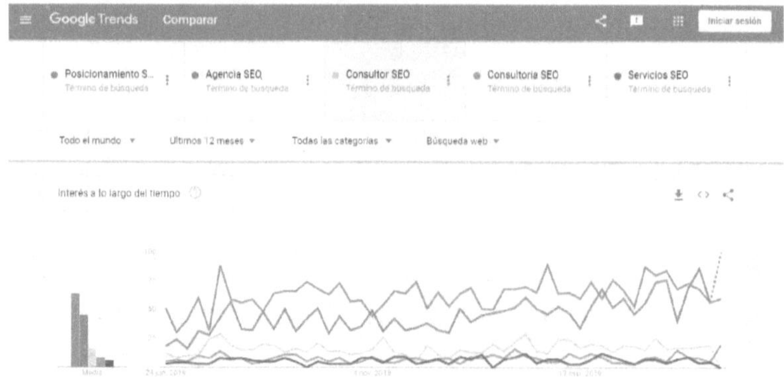

Una vez tengamos clara la lista de objetivos, tenemos que tener también claro qué *urls* vamos a posicionar para cada uno de los términos.

Por ejemplo, esta sería la lista de objetivos para el ejemplo *web* que se va a posicionar en términos relacionados con el posicionamiento SEO.

Para posicionarse en «Posicionamiento SEO».

https://www.ejemplo.com

Para posicionarse en «Agencia SEO».

https://www.ejemplo.com/agencia-seo

Para posicionarse en «Consultor SEO».

https://www.ejemplo.com/consultor-seo

Para posicionarse en «Consultoría SEO».

https://www.ejemplo.com/consultoria-seo

Para posicionarse en «Servicios SEO».

https://www.ejemplo.com/servicios-seo

Aprende a posicionar cualquier *web*

Una vez fijados los objetivos en la preparación del trabajo de posicionamiento vamos a empezar por el objetivo número uno. Por experiencia, te recomendamos que vayas posicionando las *urls* de una en una. Cada vez que cumplas un objetivo empieza a posicionar la siguiente *url*. Es mejor tener una *url* bien posicionada que 100 *urls* posicionadas a medias.

Con el primer objetivo de la lista, lo primero es disponer de la *url* que queremos posicionar. Podemos optar por posicionar la *home* (*url* principal) o cualquier otra *url* distinta dentro del mismo dominio.

Cuando tengamos claro cuál es nuestro primer objetivo de posicionamiento *web* en Google, empezamos con el trabajo sobre esa *url*. Si tienes claro la palabra clave que quieres posicionar primero, pero no tienes preparada esa *url*, hazlo ahora. Crea una, con el mejor contenido posible, con la palabra clave en la *url* y publícala.

Una vez publicada cualquier *url* que queramos posicionar para cualquier término en las búsquedas de Google, empezamos con el trabajo de posicionamiento *web*.

Primero optimiza el anuncio de la *url*

¿Qué es el anuncio de una *url*?

El anuncio de una *url* es el conjunto formado por tres parámetros SEO importantes:

Título, *url* y descripción.

¿Qué es el título?

El título es la frase que se muestra en los resultados de Google cuyo fin es enunciar el contenido que el usuario va a encontrar en el contenido de la *url*. El número de caracteres ronda los cincuenta en la actualidad, aunque el buscador suele modificar este número de vez en cuando.

¿Cómo optimizo el título?

El objetivo de la optimización del título de la *url* es el de ser lo más atractivo posible para las búsquedas realizadas por los internautas. Si nuestro enunciado llama más la atención que el resto de las *urls* que están posicionadas en esa palabra clave, será más fácil que los usuarios elijan la nuestra y entrarán en la misma. Esto conseguirá que mejore el número de clics de visitantes en nuestra *web* y mejorará nuestro CTR.

Para saber si es necesario optimizar el título de cualquier *url* ya publicada, primero comprueba cuál es el que tiene publicado en la actualidad. Comprueba si contiene la palabra o término en el que la quieres posicionar y si es un enunciado atractivo que llame a la acción o si anima a los usuarios a entrar en la *web*. Intenta ser objetivo. Si cumple ambos requisitos, no lo cambies; si no es así, cámbialo.

Para optimizar el título accede al editor del mismo y modifícalo. Pon en él el mismo término que quieres posicionar; ponlo una sola vez y acompáñalo con alguna llamada a la acción incitando a los usuarios a entrar en la *web* o respondiendo a alguna de las cuestiones importantes para dicho término. Los motores de búsqueda como Google buscan con su algoritmo parámetros naturales, sin redundancia, y respuestas a preguntas habituales de los internautas sobre dichos términos.

Acaba el título con tu marca del dominio. Si usas WordPress asegúrate de que la marca aparece por defecto al final del enunciado, para no repetirlo dos veces.

En el título puedes usar caracteres especiales para ayudar en el objetivo de que sea más atractivo que el de tus competidores, por el posicionamiento en la palabra clave a posicionar. Puedes hacerlo sin abusar de ello.

Por ejemplo, si el término que queremos posicionar es «Posicionamiento SEO», el título podría ser algo similar a estas variantes:

¿Qué es el Posicionamiento SEO y cuáles son sus ventajas? [Ejemplo]

¿Qué es el Posicionamiento SEO y cuáles son sus ventajas? | Ejemplo

¿Qué es el Posicionamiento SEO y cuáles son sus ventajas? - Ejemplo

Con este título cumplimos todos los parámetros que hemos solicitado. Está la palabra clave una vez, somos atractivos porque enunciamos que dentro del contenido de la *url* se encuentran las respuestas a cuestiones afines al posicionamiento SEO, como saber qué es y cuáles son sus ventajas, acabamos con la marca del dominio, que en este caso se llama «Ejemplo», e introducimos algún símbolo especial de forma sutil para llamar la atención de los internautas.

Para ayudarte en la elección del título que has de publicar, apóyate en Google. Fíjate en los títulos de las primeras diez *urls* que ocupan los primeros diez puestos orgánicos de la primera página de resultados de la palabra clave que estás posicionando. Son los mejores situados entre otros factores, gracias a su título. Observa cómo ellos intentan poner la palabra clave una sola vez, cómo llaman a la acción y cómo intentan ser atractivos para los usuarios.

Una vez estudiados, haz el tuyo. Intenta hacerlo mejor que ellos, siendo original; nunca copies, estúdialos y mejóralo. Una vez lo tengas planteado, publica el nuevo título para que el algoritmo de Google procese este cambio, cuando vuelva a pasar por la *url* en los próximos días; entonces volverá a «rankear» a la *url*, mejorando posiciones. El tiempo aproximado para comprobar la nueva posición será de uno a siete días, dependiendo de cuando pase el algoritmo.

No cambies el título de forma habitual: al algoritmo no le gusta que lo hagas demasiadas veces y te puede penalizar por ello. Hazlo una vez al mes como mucho, y una vez cada año como mínimo.

¿Que es la *url*?

Las *urls* son cada una de las direcciones *web* específicas y únicas dentro de un mismo dominio. La *home* es solo la *url* principal.

¿Cómo optimizar la *url*?

Como hemos explicado al principio del trabajo de posicionamiento con respecto a la URL, no hagas nada si es la *home*.

Si es cualquier *url* diferente de la *home* pero dentro del mismo dominio que quieras posicionar, asegúrate de que el término que queremos colocar se encuentra dentro de la *url*. Si no lo está, modifícalo en la edición de *url* o crea una nueva asegurándote de que la palabra clave se encuentra dentro de la *url*.

Por ejemplo, si queremos posicionar el término «Posicionamiento SEO», y la *url* que queremos posicionar no es la *home*, la *url* tendría que ser similar a uno de estos formatos:

https://www.ejemplo.com/posicionamiento-seo

https://ejemplo.com/posicionamiento-seo

¿Qué es la descripción?

La descripción, como su propio nombre indica, es el conjunto de frases o caracteres que describen la información que los internautas van a encontrar dentro del contenido de cualquier *url*.

GuíaBurros | Las guías sencillas para aprender lo que te ...
https://www.guiaburros.es
Los GuíaBurros son manuales básicos para aprender a utilizar una herramienta, realizar una actividad o adquirir un conocimiento determinado de manera fácil.

El objetivo con la descripción es tener la más atractiva posible. Si los internautas que buscan un término en Google ven que nuestra descripción le describe de una forma atractiva, que el contenido de nuestra *url* tiene las respuestas a sus preguntas, que va a encontrar los servicios que demanda o los productos que está buscando, y si estos los encuentra de una forma más llamativa en nuestra descripción que en el resto de descripciones, será más fácil que acabe entrando en nuestra *url*, simplemente porque le ha llamado más la atención nuestra forma de describir la información. Si lo conseguimos, esto mejorará el volumen de visitantes que entran nuestra *url*, mejorará el CTR y la *url* tendrá tendencia a mejorar su posición.

En la actualidad es difícil ser mucho más original que los demás, porque además, cuando lo consigues te acaban copiando rápidamente. Pero es un aspecto crucial tener esta aptitud, ser siempre el más original y mejorarla cada cierto tiempo intentando ir por delante de los demás.

¿Cómo optimizo la descripción?

En relación con la **descripción**, haz lo siguiente:

- Primero, asegúrate de completar el número de caracteres que Google ofrece; son 200 aproximadamente en la actualidad, aunque Google suele cambiar este parámetro de vez en cuando con sus actualizaciones del algoritmo. Completar el máximo de caracteres disponibles en cada momento conseguirá que tu anuncio obtenga el máximo alto posible en la visualización de las descripciones en la versión para PC o la versión para móviles.

- En segundo lugar, asegúrate de insertar el término que quieres posicionar de una forma natural una vez, y otra con palabras clave familiares, sinónimos o antónimos del término principal.

- Y por último introduce algún símbolo en la descripción; sin abusar, pero consiguiendo que sea la descripción más atractiva que el de las de las diez *webs* que ocupan las primeras posiciones en Google para dicho término. Los símbolos que puedes utilizar puede ser alguno de estos:

➡, ➤, ➡➡, ✓, ▶▶, →

Por ejemplo, si el término que queremos posicionar es «Posicionamiento SEO» la descripción debería ser algo similar a estas variantes:

Encuentra aquí las cuestiones principales sobre el posicionamiento SEO de cualquier *web* ➡ Cómo posicionar una *web* o *blog*. Somos expertos en posicionamientos *web*. Información completa sobre trabajos ✓ Ejemplo

Encuentra aquí las cuestiones principales sobre el posicionamiento SEO de cualquier *web* ➤ Cómo posicionar una *web* o *blog*. Somos expertos en posicionamientos *web*. Información completa sobre trabajos ▶▶ Ejemplo.

Encuentra aquí las cuestiones principales sobre el posicionamiento SEO de cualquier *web* ➡ Cómo posicionar una *web* o *blog*. Somos expertos en posicionamientos *web*. Información completa sobre trabajos ✓ Ejemplo

Encuentra aquí las cuestiones principales sobre el posicionamiento SEO de cualquier web ➠ Cómo posicionar una web o blog. Expertos en posicionamientos. Información completa sobre trabajos → Ejemplo

Con esta descripción cumplimos todos las pautas solicitadas: está la palabra clave una vez, palabras clave no exactas de la misma familia, y somos atractivos porque informamos que dentro del contenido de la *url* se encuentran las respuestas a cuestiones afines al posicionamiento SEO, como saber cómo posicionar y cuáles son los trabajos necesarios para el SEO. Además, introducimos algún símbolo especial de forma más o menos sutil para llamar la atención de los internautas.

Para ayudarte en la elección de la descripción apóyate en Google. Fíjate en las descripciones de las primeras diez *urls* que ocupan los primeros diez puestos orgánicos de la primera página de resultados de la palabra clave que estás posicionando. Son las mejores, entre otros factores por sus descripciones. Observa cómo ellos intentan poner la palabra clave, palabras familiares, y cómo intentan ser atractivos para los usuarios llamando a la acción de entrar en sus *urls*.

Una vez estudiadas, haz la tuya. Intenta hacerla mejor que ellos siendo original, nunca copies, estúdialas y mejóralas. Una vez la tengas hecha, publícala para que Google procese este cambio cuando vuelva a pasar por la *url* en los próximos días y otorgue un nuevo puesto a la *url*, mejorando posiciones. El tiempo aproximado para comprobar la nueva posición será de uno a siete días, dependiendo de cuándo pase el algoritmo. Habitualmente se hacen juntos los cambios de título y descripción.

No cambies la descripción de forma habitual: al algoritmo no le gusta y te puede penalizar por ello si lo haces demasiadas veces. Hazlo una vez al mes como mucho y una vez cada año como mínimo.

Optimiza el contenido de la *url*

¿Qué es el contenido?

El contenido es el rey dentro de los factores de posicionamiento del algoritmo de Google. Es, sin duda, uno de los factores principales junto a la experiencia del usuario. Es el conjunto de toda la información expuesta en una *url* que responde mejor o peor a las preguntas relacionadas con la palabra clave o término que queremos posicionar.

Está formado por textos, imágenes, infografías, audios y vídeos.

¿Qué es el texto?

El **texto** es uno de los factores fundamentales dentro del contenido para el buen posicionamiento de una *web*. En él se juntan distintos parámetros de máxima importancia para los buscadores como Google. Los principales son:

— El número de palabras que existen dentro de cada una *url* o dirección *web* que quieres posicionar.

— El porcentaje de veces que repetimos esa palabra clave.

— Las veces que se encuentran en el texto palabras familiares del término principal. También sinónimos, antónimos y homónimos.

— Uso de negrita.

— Uso de cursiva.

— Uso de numeración.

— Uso de palabras clave en algunos de los títulos con estructura H1, H2, H3 y H4.

¿Cómo optimizo el texto de una *url*?

En primer lugar, cuenta el texto de las diez *urls* que ocupan las primeras diez posiciones en los resultados orgánicos de Google para la búsqueda de la palabra clave que quieres posicionar. Cuenta las palabras con cualquier contador de palabras gratis en línea, como este:

https://www.contadordepalabras.com

Cuenta las palabras de cada una de las *urls*, haz una media y supérala.

Cuenta las palabras del contenido de la *url* que quieres posicionar. Si tienes más palabras que la media de las diez *urls* que están posicionadas en la primera página de resultados de la palabra clave que estás posicionando, perfecto. Si tienes menos que la media ponte a escribir de forma natural sobre el término que quieres posicionar e introdúcelas en el texto de la *url*. Vuelve a contar; hazlo así hasta que superes la media.

Si quieres mejorar este punto, prueba a hacer la media con solo las tres primeras *urls* que ocupan los primeros tres puestos. Casi seguro que subirá. Si quieres mejorar este factor de posicionamiento, supera la media de los tres primeros. Recuerda que el algoritmo de Google premia siempre a los mejores, a los que más trabajan. Este es un parámetro ideal para demostrárselo.

Usando el mismo contador de palabras, fíjate en el *top* de palabras (palabras más veces repetidas en tu **texto**) y asegúrate de que el término que quieres posicionar se encuentra en esa lista de palabras *top*. Si la encuentras entre las cinco palabras más repetidas, perfecto. Si no la encuentras, modifica el **texto** y repítelas de una forma natural tantas veces como haga falta, hasta que las sitúes en esa lista de palabras *top* (más veces repetidas).

Por último, usando la misma lista de palabras *top*, fíjate en los porcentajes de repetición de esos términos o palabra clave que queremos posicionar. Tienes que situarla entre el 2 % y 3 %. Modifica el **texto** tantas veces como haga falta para situarla entre esos valores.

Una vez tengas preparado el texto en estos valores, proponte ser el mejor en ofrecer las respuestas más completas y originales a las preguntas relacionadas con el término elegido para posicionar. Apóyate en Google para descubrir cuáles son las cuestiones más importantes relacionadas con ese término. Puedes hacerlo de varias formas:

— Al teclear el término en el buscador pon un espacio detrás, fíjate cuáles son los términos que Google te propone y plantéate preguntas relacionadas con ellos.
— Fíjate si el motor de búsqueda muestra en algún lugar de la primera página preguntas formuladas relativas al término con las mejores respuestas de páginas *web*.

— En la parte inferior de la primera página de búsqueda aparecerán términos relacionados con la búsqueda
principal. Fíjate en ellos y plantéate preguntas relacionadas con los mismos.

Por ejemplo, si el término que queremos posicionar es
«Posicionamiento SEO».

https://www.google.com/search?q=Posicionamiento+SEO

Vemos en primer lugar, que cuando marcamos el término «Posicionamiento SEO» en la casilla de búsquedas de
Google, nos ofrece como términos relacionados las palabras: SEM, Google, precio, que es (sin tilde), definición
(sin tilde), WordPress, significado, Instagram y Wikipedia. Compruébalo en la imagen.

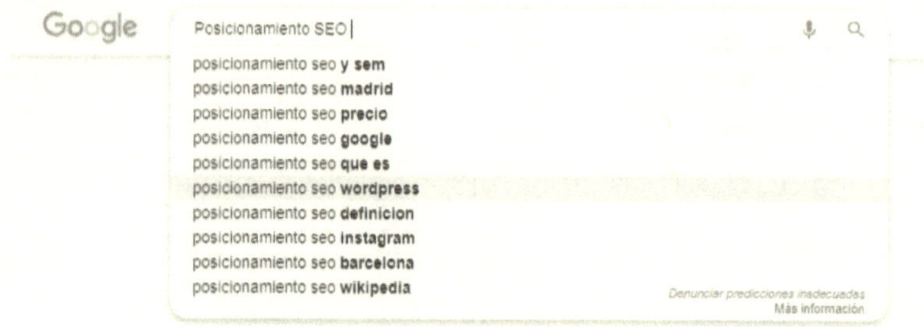

En segundo lugar, a mitad de la primera página de la
búsqueda de resultados ofrecida por el motor aparecen
varias preguntas formuladas por otros usuarios (muchos)
relacionadas con este término que queremos posicionar

y son: ¿Qué es el posicionamiento SEO y SEM? ¿Qué es el marketing SEO? ¿Qué es el SEO de un sitio *web*? ¿Qué es posicionamiento SEO en los buscadores? Compruébalo en la imagen.

Y por último, en la parte inferior de la primera página de búsqueda ofrecida por el motor podemos ver las búsquedas relacionadas con el objetivo seleccionado para posicionar. En este caso son: SEM, definición (sin tilde), Google, precio, Wikipedia, significado, iglesia y posicionamiento. Compruébalo en la imagen.

Una vez realizado este pequeño análisis de los términos y preguntas asociadas al objetivo marcado para posicionar, tenemos que preguntarnos si los textos de nuestra *url* o dirección *web* dan la mejor respuesta en cuanto a originalidad y calidad a estas preguntas o términos relacionados. Si no es así, márcalo como objetivo inmediato.

Hay que asegurarnos de que estas preguntas o cuestiones están contempladas en el texto de nuestra *url* y que estén respondidas de la mejor forma posible. Es razonable pensar que los motores de búsqueda como Google intentan ofrecer a sus internautas la mejor de las experiencias, como por ejemplo, ofreciéndoles las mejores páginas que respondan a las cuestiones principales sobre los términos buscados.

Si somos los mejores respondiendo a estas cuestiones, estaremos en el mejor camino posible para ocupar las mejores posiciones cuando los usuarios busquen información sobre ese término.

Este factor es vital. Tómate un tiempo para leer el texto de las diez *urls* que ocupan las posiciones orgánicas de la primera página de búsqueda del término que quieres posicionar, y hazlo mejor que ellos. A medio plazo, con el resto de factores, éxito asegurado.

Cada vez que cambies el texto para mejorar la respuesta a las preguntas principales o sugerentes sobre la palabra clave a posicionar, con el objetivo de ser la que mejor responde a esas cuestiones, vuelve a contar la palabras para ver que la palabra clave principal sigue entre el 2 % y 3 % de la densidad de palabras totales del texto. Si la superas, modifícalo para situarla entre esos parámetros.

Asegúrate también de que el texto sea lo más completo posible, ayudando así a la comprensión lectora de los visitantes de la *url*. Cuanto mejor sea su comprensión, más original y más afín a las cuestiones relacionadas con la palabra clave que queremos posicionar, más tiempo pasarán los usuarios en la *url* y el resto del dominio. Como recordamos, el tiempo medio que pasan los usuarios en la *url* es un factor principal de posicionamiento relacionado con la buena experiencia de los usuarios. En conclusión, cuanto mejor sea el texto más posiciones subiremos.

Para ayudar a que el texto sea lo más completo posible usa negrita en palabras o frases importantes, usa cursiva en alguna otra, utiliza algún apartado numerado, otro con guiones. Intenta ser el más completo. Mira los textos de las diez *urls* que están posicionadas en la primera página de búsquedas de la palabra clave que quieres posicionar. Fíjate en si ellos usan negrita, cursiva, números, guiones y hazlo mejor que ellos. No les copies, simplemente mejora sus trabajos, sube el listón, esta es la clave.

Y por último, en relación a los textos, asegúrate de que existen diferentes títulos en los textos con etiquetas H1, H2, H3 y H4. Estas etiquetas se encargan de otorgar un valor en el tamaño de esos títulos. Todos los gestores de contenido las ofrecen en su editor de textos. Habitualmente, el propio título de la *url* ya se suele reflejar como etiqueta H1. Pero asegúrate de que otro título disponga de la etiqueta H2, otros de la H3 y otros de la H4.

Cada vez que tengas una mejora del texto, publícala. Cuando el algoritmo de Google pase por la *url* y compruebe la mejora, volverá a «rankear» la *url* y subirá posiciones.

¿Qué son las imágenes?

Como su propio nombre indica, son los medios visuales que sirven de apoyo al texto. Son un factor de vital importancia para el algoritmo de Google, relacionado con la experiencia del usuario. Si el buscador percibe con datos que el tiempo que pasan los internautas en nuestra *url* son mayores que los de otras *webs* que compiten por los mismos términos, es porque tu *url* es más completa que las de los demás y favorecerá a la tuya porque su objetivo es aportar a los usuarios la mejor de las informaciones y por tanto, la mejor de las experiencias.

Las imágenes son muy importantes para conseguir este objetivo, porque ayudan a entender el texto; si lo consiguen, los usuarios pasarán más tiempo en nuestra *web*. Recuerda que si pasan más tiempo seguimos subiendo posiciones.

¿Cómo optimizar el factor de las imágenes de una *url*?

En primer lugar, hay que subrayar la importancia vital de que las imágenes que vayamos a publicar en la *url* sean originales. Google usa un algoritmo complejo al que le encanta procesar información nueva mediante nuevas *urls*, nuevos textos y las imágenes no son una excepción.

Si publicas imágenes de bancos de pago o ya publicadas con anterioridad, el algoritmo de Google se dará cuenta que no son imágenes originales. Por tanto, no será un trabajo de calidad, sino atajos para intentar engañarle, y esto a día de hoy no va a ayudar en nada.

Pero si publicas imágenes originales, creadas por ti mismo o por tu equipo de diseño, sí va a ayudar y mucho al posicionamiento de la *url* en la palabra clave seleccionada. La razón es que a Google le gusta premiar el buen trabajo y el esfuerzo por la originalidad. Si cuentas con grandes recursos puedes tener equipos de diseño para abarcar este punto del trabajo, pero si no los tienes esto no supone ningún problema. Ya hemos explicado con anterioridad que para este trabajo de posicionamiento *web* se pueden solventar problemas de recursos económicos con un poco de trabajo y esfuerzo.

La solución a este punto es la de usar plataformas como Canva; en su versión gratuita podemos crear imágenes completamente originales en solo minutos, que van a favorecer —y mucho— nuestro posicionamiento en el buscador para la palabra clave a posicionar.

El número de imágenes originales necesarias para estar bien posicionado en una palabra clave depende de la competencia de ese término. Para ello, haz lo siguiente: busca ese término en Google y entra en las diez *urls* que aparecen en la primera página de búsquedas. Cuenta y apunta cuántas imágenes tienen cada una de ellas, haz una media y supérala. Habitualmente suelen utilizarse 4/6 imágenes para términos poco competidos y 10/12 para términos muy competidos. Pero es mejor que hagas el estudio, haz una media de esas diez urls en particular y supérala.

Otro punto vital en la publicación de imágenes es su peso. Intenta publicar las imágenes con el menor tamaño posible, y por consiguiente con el menor peso posible. Esto es así por la velocidad de carga en dispositivos móviles. Para el algoritmo de Google es un punto crucial, porque sabe perfectamente que el crecimiento de búsquedas desde este tipo de dispositivos es exponencial. Y en la actualidad, con las redes actuales, si publicamos imágenes con mucho peso o tamaño va a perjudicar el tiempo de carga *web* de la *url* en dispositivos móviles, y esto afectará negativamente a nuestro posicionamiento.

Habitualmente, solemos ver los diseños de una *web* en grandes pantallas de los PC o portátiles, y por ello tendemos a publicar las imágenes más grandes y con mayor peso. Te recomendamos que visualices los diseños también en dispositivos móviles; de esta forma vas a comprobar que es mejor subir las imágenes con tamaños más pequeños para buscar un equilibrio entre ambos dispositivos.

Una vez que tengas la imágenes originales que acompañen al texto y superen en número a la media de los competidores, publícalas en la *url*. Pasados unos días el algoritmo pasará por la misma, verá las nuevas imágenes originales y otorgará a la *url* una mejora de posiciones.

¿Qué son los vídeos?

Todos sabemos lo que es un vídeo. Lo importante en este caso es conocer la importancia y ayuda, para el posicionamiento de una *url*, del hecho de publicar vídeos que acompañan en el entendimiento del contenido formado por el texto y las imágenes. Este favorecerá la comprensión de dicha información y subirá el tiempo que pasan los usuarios en nuestra *url*, esto favorecerá la experiencia del usuario y el algoritmo de Google nos premiará por ello.

Los vídeos que subamos han de ser originales por lo explicado anteriormente. Si el vídeo publicado lo tomamos directamente de YouTube o cualquier otra *web*, el algoritmo de Google se dará cuenta de que ya ha visto ese vídeo anteriormente en otro lugar de internet, que no es original, y por tanto no sumaremos en ese valor de la originalidad.

Pero si por el contrario el vídeo es completamente original, el algoritmo se dará cuenta de que nunca antes ha visto ese vídeo y nos premiará por nuestro esfuerzo y calidad del trabajo.

Si contamos con un equipo de trabajo en diseño, estos serán los encargados de la edición de estos vídeos. Pero si no cuentas con esos recursos económicos, no te preocupes; te volvemos a repetir que en el medio *online* todo tiene solución si le ponemos empeño y voluntad.

Para ello podemos realizar vídeos totalmente originales en plataformas como Renderforest en su versión gratuita (si queremos quitar la marca de agua tenemos que abonar una pequeña cantidad de dinero, algo que recomendamos). En solo unos minutos podemos editar un vídeo que acompañe a la información reflejada en nuestra url y Google nos premiará enormemente por nuestro esfuerzo.

El número de vídeos que tenemos que publicar en nuestra *url* acompañando al contenido depende la las otras *urls* que están posicionadas en esa palabra clave. Para saberlo entra en las primeras diez *urls* que están posicionadas en los primeros diez puestos orgánicos de la primera página de búsqueda de la palabra clave que queremos posicionar, y cuenta los vídeos que tienen publicados en esas *urls*. Haz la media y supérala. Habitualmente suele ser suficiente un vídeo para términos poco competidos y 3/4 para términos muy competidos. Pero es mejor que hagas la media exacta de esas diez *urls* con las que compites y supérala.

Al subir el vídeo o los vídeos en la *url,* intenta hacerlo con el menor tamaño posible y por tanto, con el menor peso posible. Recuerda cómo hemos comentado en el punto de las imágenes, que si lo hacemos con mucho peso perjudicamos la velocidad de carga en móviles, y esto no nos beneficia para obtener la mejor posición posible. Para ello publica los vídeos en un tamaño suficiente para que se vea en dispositivos móviles.

Una vez tengas el vídeo o los vídeos originales que acompañen al texto, a las imágenes, y superen en número a la media de los competidores, publícalos en la *url.* Pasados unos días el algoritmo pasará por la misma, verá los nuevos vídeos originales y posicionará de nuevo la *url,* subiendo posiciones.

Con respecto al tiempo de los vídeos, recomendamos la duración entre 1 y 3 minutos. Si quisiéramos posicionarlos en YouTube serían mayores tiempos, pero esa es otra cuestión.

¿Qué son las infografías?

Las infografías son imágenes que combinan los símbolos, gráficos y textos. En la misma línea del resto de conceptos anteriormente mencionados, que forman parte del contenido, este otro de los elementos que ayuda a mejorar posiciones en la palabra clave a la que va dirigida la *url* en la que estamos trabajando, porque mejora la comprensión del mensaje transmitido en el contenido de la *url* que queremos posicionar.

En nuestros trabajos con clientes, las infografías forman parte del parámetro de las imágenes. Quiere decir que, si hemos analizado a las diez primeras *urls* de la primera página de búsqueda para una palabra clave, hemos contado las imágenes de todas ellas y la medía entre ellas es de cinco. Optaríamos por superar esa media con 6/7 imágenes y alguna de ellas sería una infografía.

Por supuesto que, si optamos por publicar alguna, han de ser completamente originales. Para ello podemos usar también la plataforma Canva, anteriormente mencionada en su versión gratuita, y conseguiremos hacer infografías originales de gran calidad en solo unos minutos.

¿Qué son los audios?

Los audios son otra opción para publicar en nuestra *url* y seguir ayudando en la comprensión de la información publicada en la misma. En la actualidad es un elemento poco utilizado por los especialistas en SEO, ya que ha ido perdiendo valor con respecto a los vídeos.

No es un elemento estrictamente necesario para posicionar una *url* en la primera página de búsqueda. Informamos sobre él para el conocimiento del mismo. Aunque también es cierto que seguimos utilizando este recurso para destacarnos en el posicionamiento de palabras clave con un fuerte nivel de competencia.

Comienza a publicar *posts* relacionados con la palabra clave que queremos posicionar

¿Qué son los *posts*?

Los **posts** son las entradas o artículos de un *blog*. Si tienes tu *web* en WordPress, perfecto; si no es así te recomendamos que agregues un *blog* de WordPress a tu *web*; si tienes la *web* en *html* o en cualquier servidor convencional como 1and1, Prestashop, Magento y otros puedes hacerlo sin problema.

La mejor opción siempre es tener la *web* en WordPress o tener un blog de WordPress agregado a nuestro dominio. Si no es así, usa un *blog* disponible en cualquier plataforma. No conozco ninguna que no ofrezca la opción de usar un *blog*.

¿Cómo publicar *posts* optimizados y relacionados con la palabra clave que queremos posicionar?

En primer lugar, lo más importante es marcar la métrica a seguir con el número de *posts* a escribir. Tú serás el que marque esta métrica y, dependiendo de ella, la velocidad de posicionamiento será mayor o menor. La mejor forma de saber cuántos *posts* tienes que escribir para el posicionamiento de una *url* para la búsqueda de una palabra clave en Google es hacer dicha búsqueda y entrar una a una en las diez *urls* que ocupan las posiciones orgánicas de la primera página de búsqueda de dicho término. Entra en cada una de ellas, busca si tienen un *blog* y con qué frecuencia publican. Una vez realizado ese estudio haz la media y supérala. Las métricas más convencionales son escribir un *post* al día o uno a la semana. Pero es mejor que hagas el estudio de las diez *urls* con la que compites por el posicionamiento de la palabra clave y superarla.

Escribe los **posts** de una forma natural, escribe sobre temas relacionados con el término que quieres posicionar, pon ese término en el título del *post* y aparecerá de forma natural también en la *url* del *post*. Esto nos ayudará a que este *post* en poco tiempo empuje al posicionamiento de la palabra clave que estamos posicionando. Escribe estas entradas o publicaciones con un número aproximado de entre 600 y 1000 palabras.

Utiliza títulos también con etiquetas H2 y H3 de una forma natural. Añade alguna imagen original. Utiliza la negrita para las frases importantes. Añade algún párrafo en cursiva. Haz todo lo creas oportuno para que las entradas tengan la mayor calidad posible. Recuerda que Google premia los trabajos excelentes y no los mediocres.

Añade en cada entrada unos tres o cuatro enlaces internos que apunten hacia páginas internas con información relacionada con las entradas. Utiliza también uno de estos enlaces en cada *post* para crear un enlace que apunte hacia la *url* que estás posicionando. En el texto de este enlace pon la palabra clave.

Al usar plataformas como WordPress o cualquier otra con opción de *blog* nos va a dejar aprovechar cada publicación o *post* para publicar también nuevas categorías y *tags*. Haz lo siguiente:

— En cada nuevo *post* añade una **categoría**. Denomina a la categoría con la palabra clave en la que quieres posicionar la *url*.

— También añade a cada nuevo post 6/8 *tags* (etiquetas). Hazlo siempre con 2/3 ya creadas en *posts* antiguos y 4/5 nuevas, menos en el primero, que serán todas nuevas. Usa la palabra clave en la que quieres posicionar la *url* con derivaciones. Por ejemplo, si queremos posicionar la palabra clave «Posicionamiento SEO» pondríamos en el primer *post*: posicionamiento SEO, cómo posicionar una *web*, Google, SEO, posicionamientos *webs*, posicionar, internet y *web*. En el segundo *posts* repetimos tres y cinco diferentes. Y así sucesivamente.

Con el paso del tiempo Google irá procesando este trabajo. El algoritmo se dará cuenta que tu dominio es de fiar porque cada X tiempo (métrica seleccionada) sabe que pasará por él y encontrará nueva información relacionada con el término o términos seleccionados para posicionar. Además, la parte de IA (inteligencia artificial) del algoritmo aprenderá a saber cada cuánto tiempo ha de visitar el sitio *web* dependiendo, por ejemplo, del ritmo o frecuencia de las publicaciones y de la calidad de las mismas.

Con este sistema de publicación de *posts* también conseguiremos **peso *web*** y lo veremos buscando en Google con el comando *site*. Por ejemplo así:

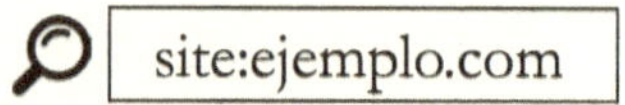

Para el algoritmo de Google es importante saber el peso total de la *web*, pero también es vital la frecuencia en la que ganamos dicho peso. Para ello buscamos en Google:

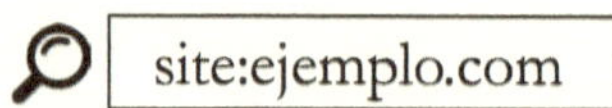

herramientas - cualquier fecha - última semana, último mes o último año

De esta forma iremos comprobando cómo vamos ganando peso *web* cada semana, mes o año. En el trabajo de posicionamiento *web* toda información es necesaria y gran parte de la misma la podemos encontrar en el propio motor de búsqueda; solo tenemos que saber cómo preguntárselo.

Por último, en este apartado calcula el peso total de los dominios de las diez *urls* que ocupan los puestos orgánicos de la primera página de búsqueda de la palabra clave que quieres posicionar. Haz la media y supérala.

Si el peso de los dominios es mucho más alto que el tuyo porque estás empezando, no te preocupes. Haz el mismo estudio pero marcando la opción de herramientas, cualquier fecha y último mes. Haz la media y márcate como objetivo superarla en el siguiente mes, según Google vaya procesando las publicaciones que vas subiendo.

Pasadas dos o tres semanas, Google irá procesando la información al ritmo que se ha acostumbrado a que subas las publicaciones. En ese momento volverá a reposicionar la *url* que quieres posicionar y subirá posiciones.

Dependiendo de la dificultad de la palabra clave, y pasadas dos o tres semanas con el ritmo explicado para las publicaciones que dependen del ritmo estudiado en los competidores, ya estarás cerca del objetivo final, o directamente ya lo habrás conseguido. Si no lo has conseguido solo te faltan los últimos pasos, los enlaces externos, redes sociales y mejora del diseño *web*.

Consigue enlaces de calidad

Como hemos contado con anterioridad, el grupo de factores que engloban los enlaces es el tercer grupo más importante de factores en el algoritmo que posiciona las *urls* para las búsquedas de las distintas palabras clave. Dentro de este hay dos grandes factores: los externos internos y los externos. Los enlaces internos ya los estamos mejorando con las pautas marcadas para el apartado de *post*. Ahora vamos a centrarnos en mejorar los enlaces externos.

Para conseguir enlaces externos de calidad tienes dos opciones:

- **Gratuitos**. Son los más recomendables. Puedes conseguirlos de muchas formas posibles. Y puedes hacerlo poco a poco; además, al algoritmo de Google le gustan los crecimientos progresivos.

  La primera forma para conseguirlos son tus propias redes sociales, las redes sociales oficiales del dominio de la *url* que estás posicionando. Desde ellas puedes crear enlaces de calidad hacia la *url* que quieres posicionar. Puedes conseguir enlaces desde Facebook, Twitter, Pinterest, Linkedin y un largo sinfín de redes sociales.

  La segunda son las millones de plataformas que existen en internet: plataformas de artículos, plataformas de notas de prensa, plataformas de nuevos *blogs*, foros y una larga lista de distintos perfiles.

- **De pago**. Son menos recomendables, porque en teoría forman parte de las malas prácticas. Pero en realidad, podemos comprobar que algunas páginas *webs* que ocupan lugares prioritarios en infinidad de búsquedas han comprado sus enlaces externos. Eso sí, a diferencia del pasado solo se compran en sitios de calidad, como notas de prensa de pago, compra de enlaces en artículos de medios con un alto grado de confianza y otras.

Te dejamos esta elección a ti. Como referencia te puedo afirmar que no he conocido ningún término en el que no te puedas posicionar solo con enlaces gratuitos. Pero para ser honesto, también tengo que afirmar que otros muchos sí lo hacen, les funciona y es un proceso más rápido. Lo único es que, si optas por la vía del pago, lo hagas únicamente en plataformas de buena reputación, como medios informativos; existen cientos de miles. Una de las plataformas de pago para la compra de los enlaces externos que funciona muy bien a costes bajos es Prensarank.

Analiza el número de enlaces externos que tienen las *urls* posicionadas en los primeros diez puestos de la búsqueda de la palabra clave que quieres posicionar. Para ello puedes usar diferentes herramientas gratuitas *online*; solo tienes que buscar en Google por el término *Backlink checker* y te van a parecer infinidad. Una de ellas es:

https://www.seoreviewtools.com/valuable-backlinks-checker/

Usa esta herramienta o cualquier otra para ver aproximadamente cuántos enlaces externos tienen cada una de las *urls* que están posicionadas en las primeras diez posiciones de la búsqueda del término que quieres posicionar. No cuentes los enlaces a todo el dominio de cada una de ellas, sino a la *url* exacta que está posicionada. En esta herramienta usamos el comando *this page* y no el comando *all pages in this domain*, porque lo que queremos es contar y ver los enlaces externos que apuntan a esta *url* en particular, y no los enlaces externos que apuntan al total de su dominio.

Realiza este estudio de las diez *urls* que aparecen en primera página, haz una media entre ellas y supérala.

Utiliza también a Google para comprobar de una forma no exacta el número de enlaces que apuntan hacia cada una de estas diez *urls*. Haz lo siguiente, busca en Google:

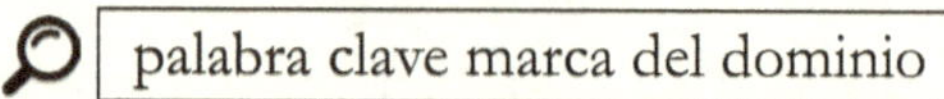

Por ejemplo, si te quieres posicionar en «Posicionamiento SEO» y hemos seleccionado las primeras diez *urls,* y la primera de ellas es <u>https://www.competencia.com/posicionamiento-seo</u> buscaríamos en Google:

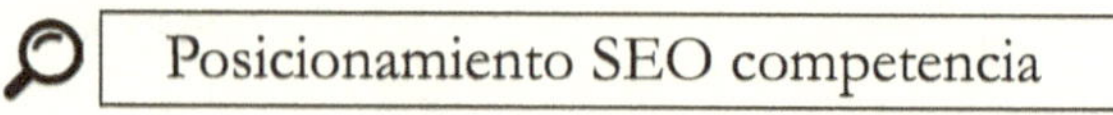

Al realizar esta búsqueda en Google nos van a aparecer resultados donde se hablan de posicionamiento SEO y la página *web* llamada Competencia. Vete entrando uno a uno en estos resultados y encontrarás algunos de los enlaces externos que han conseguido que apunten hacia esa *url* en el pasado.

Haz este estudio con las diez *urls* que están posicionadas en la primera página de búsqueda de la palabra clave que quieres posicionar. Cuéntalos, haz una media y supérala.

Usa también a Google con otro comando para ayudarte a encontrar enlaces que apuntan hacia tus competidores. Busca en Google a cada una de las *urls* competidores por esa palabra clave de la siguiente forma. Pon en Google:

⬈ competencia.com/posicionamiento-seo

No te olvides de poner las comillas. De esta forma le estamos preguntando al motor de Google en cuántas otras páginas *web* o *blogs* aparece esta *url* de forma exacta. Apunta los resultados. Hazlo con las diez *urls* que aparecen en la primera página de búsqueda del término que quieres posicionar, haz una media y supérala.

Al final no es vital ser el mejor en cada uno de los parámetros descritos, pero sí ser el mejor en la combinación de todos ellos para estar en la primera posición de las búsquedas. Y entre los diez mejores si queremos estar en la primera página de búsquedas, es así de sencillo. Google premia a los que más lo merecen.

El trabajo de conseguir enlaces suele ser más lento que los anteriormente descritos. También depende de cuál es el nivel de enlaces en la palabra clave que quieres posicionar. Nuestro consejo es el siguiente: hazlo lo antes posible, hazlo si puedes hoy mismo o en el menor tiempo posible. Consigue superar la media de los diez primeros para estar en primera página, y supera la media de los tres primeros si quieres estar en la franja alta de los resultados de búsquedas.

Cuando esté realizado este trabajo y pasadas dos o tres semanas para que el algoritmo de Google encuentre esos enlaces, ya estarás más cerca del objetivo o directamente ya lo habrás conseguido. Si no es así, sigue con los siguientes dos pasos.

Interactúa en redes sociales

Las **redes sociales** son un parámetro fundamental para Google. Si tienes creadas, perfecto; si no las tienes creadas, hazlo ahora mismo.

Tienes que tener creadas, como mínimo, las siguientes redes sociales que apoyan al dominio al que pertenece la *url* que quieres posicionar:

- Facebook
- Twitter
- Instagram
- Pinterest

- YouTube
- LinkedIn

Lo primero y más importante es marcar la métrica a seguir con el número de interacciones a efectuar en las redes sociales. La métrica más convencional es interactuar de forma diaria, una hora al día aproximadamente, entre todas ellas. Si tienes recursos humanos para que alguien del equipo de trabajo, que lo haga; si no es así, ya sabes que se puede suplir la falta de recursos económicos con esfuerzo: hazlo. Empieza ahora mismo.

Tú serás el que marque esta métrica, y dependiendo de ella la velocidad de posicionamiento será también mayor o menor. Para saber cuál es la mejor métrica de acciones en redes sociales, haz el estudio de siempre. Busca las redes sociales de los dominios de las diez *urls* que están posicionadas en las resultados orgánicos de la primera página de búsqueda de la palabra clave que quieres posicionar.

Para encontrarlas, utiliza a Google. Si el primer competidor tiene como marca en su dominio «competidor» (porque su *url* es <u>https://www.competidor.com/posicionamiento-seo</u>), buscaríamos en Google:

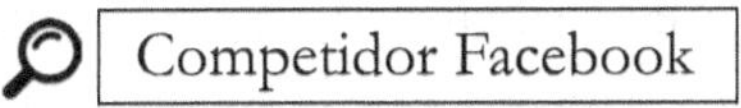

Para encontrar su cuenta en Facebook

Competidor Twitter

Para encontrar su cuenta en Twitter

Competidor Instagram

Para encontrar su cuenta en Instagram

Competidor Pinterest

Para encontrar su cuenta en Pinterest

Competidor YouTube

Para encontrar su cuenta en YouTube

Competidor LinkedIn

Para encontrar su cuenta en LinkedIn

Busca así las redes sociales de los dominios de las diez *urls* que son competencia por la palabra clave que quieres posicionar, contabiliza de una forma aproxima el nivel de su actividad, haz una media y supérala.

Una vez marcada la métrica a seguir y teniendo ya todas las redes sociales creadas, marca a tres de ellas como prioritarias, las que sean más adecuadas al negocio principal afín a las palabras clave. Selecciónalos de entre Facebook, Twitter, Instagram, LinkedIn y Pinterest.

— En **Facebook** publica cada día o una vez a la semana un *post*, un enlace, una imagen, una encuesta... Lo que sea, pero con métrica.

— En **Twitter** publica cada día o cada semana, «retwittea» a otros, sigue a otros. Pasado un tiempo, deja de seguir a quien no te sigue y vuelve a seguir a otros; así conseguirás poco a poco aumentar el número de seguidores y tus publicaciones tendrán más repercusión.

— En **Instagram** publica cada día o cada semana y sigue a otros usuarios. Pasado un tiempo deja de seguir a quien no te sigue (usa *apps* gratuitas para saber quién no te sigue) y vuelve a seguir a otros; así conseguirás poco a poco aumentar el número de seguidores y tus publicaciones tendrán más repercusión.

— En **LinkedIn** publica de forma diaria o mensual y interactúa con otros usuarios.

— En **Pinterest** publica tus imágenes originales y enlázalas a cada una de las distintas *urls* o direcciones *web* que queremos posicionar.

Mejora el diseño de la *web*

Mejora el diseño de la *web* o *blog*, hazlo siempre. Hazlo en base a tus posibilidades, poco a poco, con un objetivo: tener la mejor *web* de tu segmento, en los términos de búsqueda seleccionados. En el medio *offline* ser el mejor es más complicado. A veces requiere de altos costes de inversión.

Pero en el medio *online* todo cambia: en este medio puedes mejorar la *web* que quieres posicionar con costes mucho más bajos o sin costes, solo con tu trabajo, con tu esfuerzo. Google se fija en ello, en los cambios que haces a la *web*; cuando la mejoras poco a poco tiene una repercusión importante, mejora con ello la **experiencia del usuario**.

Y este el mayor parámetro SEO en la actualidad, el tiempo que pasan los usuarios en la *web*, cómo interactúan con ella, su estructura de enlaces internos, el menú, la tasa de rebote. Marca como objetivo prioritario tener la mejor *web* del sector en el que vas a posicionar las *urls*; hazlo poco a poco, con métrica, pero hazlo.

Para ello sé crítico con la *web* en la que estás trabajando. Ponte en la piel de los visitantes y visítala una y otra vez. Hazlo desde dispositivos diferentes: desde PCs, portátiles y móviles de distintos tamaños de pantalla. Seguro que puedes encontrar pequeñas o grandes mejoras que harán mejorar su diseño.

Haz lo mismo con las *webs* que ocupan los primeros puestos de las búsquedas de la *url* o *urls* que estás posicionando. Sé honesto, pregúntate cuál es la mejor. Si crees que la *web* en la que estás trabajando no es la mejor haz pequeñas o grandes modificaciones hasta que consideres que la tuya es la mejor.

Cuando consideres que la tuya es la mejor de tu segmento de mercado, perfecto. Vete pensando en las siguientes mejoras para mantenerte siempre en cabeza. Si ves que otros te copian, alégrate: es una señal que te marca el camino correcto.

Las posibles mejoras en el diseño de la *web* son infinitas: puedes cambiar la plantilla para que sea más actual y más amigable para dispositivos móviles, puedes cambiar tipografías, mejorar la estructura para su navegabilidad, insertar encuestas, modificar gama cromática, cambiar *banners*, incorporar cuestionarios y cualquier idea o sección que mejore la experiencia del usuario.

¿Qué el SEO de regalo?

Algunos expertos llamamos así al posicionamiento *web* generado de forma natural cuando se trabaja sobre un dominio con buenas prácticas.

Esto quiere decir que cuando sigues las pautas de posicionamiento *web* explicadas en este libro, que son a su vez pautas basadas en la calidad, originalidad y esfuerzo, al final el algoritmo acaba premiando al dominio con una mejora general de las posiciones de sus *urls*. Y esto no solo afecta positivamente a las *urls* que hemos o estamos posicionando, sino que también afecta positivamente al resto de *urls* de la *web* que no hemos trabajado todavía o no tenemos intención de hacerlo. Algunas de ellas se posicionan de forma natural, sin trabajo de por medio, en palabras clave más o menos importantes.

Muchas de las *urls* que se posicionan de forma natural debido a un trabajo SEO previo sobre otras *urls*, lo hacen en términos secundarios o con un menor volumen de visitas. Pero recordad que este posicionamiento *web* es de regalo, y además, la suma de muchas *urls* distintas posicionadas en muchas palabras clave diferentes siempre es el objetivo prioritario.

Es importante señalar que este SEO de regalo o SEO gratis solo llega detrás de un trabajo de gran calidad sobre un dominio. Pero cuando llega, es la señal de que se está realizando un trabajo óptimo.

Como parte del SEO de regalo también hemos de contar con las visitas que llegan desde otros motores de búsqueda. En este mercado, aunque Google ocupa una situación de privilegio, existen otros motores de búsqueda en los que las *urls* trabajadas también van a posicionarse. De entre los motores de búsqueda existentes es Google el que cuenta con el algoritmo más completo y complejo; al convencerle a él convencerás de forma directa al resto de motores.

¿Cuáles son el resto de motores de búsqueda del mercado?

Dependiendo del idioma utilizado existen otros motores de búsqueda con cuotas más bajas del mercado.

Algunos de los más importantes para las búsquedas en español son:

» Yahoo
» Bing

Para búsquedas en inglés:

» Yahoo
» Bing
» AOL
» Ask

Para búsquedas en chino:

» Baidu

Para búsquedas en ruso:

» Yandex

Nuestra recomendación es que pienses solo en Google. Supera con mucha distancia al resto de motores y además, como te hemos adelantado antes, al trabajar para posicionar cualquier *url* en palabras claves de Google, esta acabará posicionándonos en el resto de motores importantes para el mismo idioma en el que hemos posicionado cualquier *url*.

El porqué es sencillo de explicar. El resto de motores utilizan algoritmos menos complejos, que también están apostando poco a poco por la calidad informativa. Si convences al más complicado por la vía de la calidad en contenidos y enlaces desde páginas de interés, convencerás también a los demás.

Conclusiones

Sigue los seis pasos indicados y comprobarás que la *url* que quieres posicionar en cualquier palabra clave empieza a subir posiciones en solo tres semanas.

Cuando mejores los pasos de **anuncio, contenido y enlaces**, la *url* subirá rápidamente. En la actualidad Google procesa información de una forma más rápida, con lo que verás cómo las posiciones van subiendo cada semana.

Cada vez que la *url* tenga una nueva posición vuelve a mejorar el contenido y vuelve a mejorar el número de enlaces externos. El algoritmo de Google volverá a pasar por la *url*, verá los cambios realizados en el contenido y volverá a otorgar a la *url* una posición más alta. De la misma forma, irá encontrando poco a poco los enlaces externos realizados y seguiremos subiendo. Hazlo así tantas veces como haga falta, hasta alcanzar las primera páginas de búsquedas, luego la franja alta y si quieres hasta el primer puesto.

Una vez conseguido, marca el siguiente objetivo de posicionamiento *web* para otra *url* del mismo dominio en otra palabra clave diferente de la primera, y vuelve a empezar desde el principio del trabajo SEO expuesto para la primera. Hazlo así sucesivamente con el mayor número posible de *urls* distintas, una a una. Cuanto más estires el *long tail*, mayor será el volumen de visitas en esa *web*, y cuanto mayor sea este volumen mayores serán las posibilidad de hacer crecer el negocio, da igual cuál sea. Este es el mayor atractivo de Google y de saber cómo posicionar una *web* en él.

En lo referente a los pasos de ***posts*, redes sociales y mejora web**, sé constante y perseverante en tu esfuerzo. Google, poco a poco, la irá otorgando un papel cada vez más importante y las posiciones mejorarán sin parar en todas y cada una de las *urls* que desees posicionar.

Nunca olvides que Google ha creado un algoritmo que refleja su filosofía empresarial: la de intentar ser justo sin ser perfecto, premiando a los que más trabajan con la honestidad de la originalidad y demostrando ser el mejor con hechos probados en forma de contenido.

Diccionario SEO de los términos que aparecen en el libro

A

- **Adwords de Google.** Es la plataforma de anuncios de pago que ofrece el buscador para sus anunciantes. En la actualidad es la principal fuente de ingresos de la empresa.

- **Alexa.** Plataforma que mide los volúmenes de tráfico de todos los dominios publicados y les otorga un *ranking* mundial. Sirve como herramienta SEO con versiones gratuita y de pago. La plataforma fue adquirida por Amazon.

- **Algoritmo de Google.** Es un conjunto diseñado de reglas numéricas creado por Google para «rankear» las millones de *urls* en las distintas búsquedas que realizan los usuarios de la plataforma.

- ***Anchor text***. Es el texto de un enlace. Un factor fundamental para el posicionamiento de una *web*. No se puede abusar de su uso porque puede ser penalizado por el algoritmo. Hay que usarlo de forma natural con variantes de la palabra clave principal.

B

- ***Backlinks***. Son los enlaces externos que apuntan a una *web* o *blog*. Es un factor de posicionamiento crucial. En la actualidad no importan tanto la cantidad como la calidad de los mismos. Hay que conseguirlos desde páginas *web* o *blogs* con la mejor reputación posible.

- ***Black SEO***. Es el conjunto de técnicas y trabajos realizados para el posicionamiento de una *web* o *blog*, basadas en el uso de malas prácticas con el fin de engañar al algoritmo de Google. Por ejemplo, introducir textos ocultos, abusar de palabras clave y compras masivas de enlaces.

- ***Blog***. Parte de un dominio en el que se publican las entradas o *posts*. Es esencial para realizar un buen trabajo SEO. Con él podemos ganar peso *web* y mejorar el posicionamiento de cualquier *web*.

C

- **Conversión.** Es la acción de convertir visitas reales hacia una *web* en negocio por la vía del aumento en la facturación de la empresa.

- **Contenido duplicado.** Es uno de los factores de posicionamiento negativos que usar el algoritmo de Google para «rankear». Se refiere a encontrar contenido no original en una *url* porque ha sido copiada de algún otro sitio *web*. Que el algoritmo encuentre este contenido afecta negativamente al posicionamiento de dicha *url*.

- ***CTR.*** Es la abreviatura de clic *through ratio*, lo que traducido al castellano quiere decir «porcentaje de clics en relación al número de impresiones del anuncio en las búsquedas». Cuanto mejor sea este porcentaje, mejor será el posicionamiento de la *url*.

D

- **Dominio**. Es el conjunto de *urls* que forman un sitio *web* o *blog*.

- ***Dofollow***. Son los enlaces con la característica de indicar a los motores de búsqueda la calidad de los mismos, lo que les otorga un mayor valor.

E

- **Etiquetas**. Más conocidas por su nombre en inglés, *tags*. Son un parámetro que ayuda al posicionamiento de las entradas o artículos de un *blog* para su buen posicionamiento en Google. Al crear etiquetas de forma natural también creamos nuevas *urls* que ayudan a coger peso a un dominio.

G

- Google. El el mayor motor de búsqueda. Se fundó el 4 de septiembre de 1998 por Larry Page y Serguei Brin. En la actualidad es un imperio con miles de millones de búsquedas y miles de millones de usuarios.

- Google Analytics. Es la herramienta principal para cualquier trabajo SEO. Es ofrecida de forma totalmente gratuita por el buscador y en ella podemos estudiar todos los parámetros de posicionamiento web referentes a la experiencia del usuario, como tiempo en la web, páginas vistas, dispositivos desde los que entran y un largo etcétera de parámetros más, de total utilidad para el trabajo de posicionamiento web.

- Google Search Console. Conjunto de herramientas gratuitas para los webmasters, proporcionadas por el buscador para facilitar cualquier trabajo SEO. En ella podemos comprobar el número de clics que proviene de búsquedas de palabras clave, total de impresiones, CTR y posiciones de las urls para las distintas palabras clave, entre otras. Herramienta imprescindible.

- Google Panda. Se llamó así a una parte de la actualización del algoritmo de Google que comenzó a funcionar en el año 2011, y que trataba de premiar a los contenidos completamente originales y penalizar los contenidos duplicados o poco originales.

- Google Penguin. Se llamó así a una parte de la actualización del algoritmo de Google que comenzó a funcionar en el año 2012, y que trataba de premiar a los enlaces externos de calidad y penalizar los enlaces externos desde sitios web de dudosa confianza.

H

- **Home**. Se suele denominar así a la *url* principal de un dominio.

K

- **Keywords**. Son las palabras clave. Los términos que queremos posicionar con diferentes *urls* de un mismo dominio.

L

- **Links**. Son los enlaces que apuntan a una *url*. Pueden ser externos, que apuntan desde dominios diferentes, o internos, con *urls* del mismo dominio.

- **Link building**. Se determina con este concepto la acción de crear una estructura de enlaces externos que ayuden al posicionamiento de una *web* o *blog* en los motores de búsqueda. La misma ha de estar planteada sólo sitios *web* de calidad.

- **Long tail**. Es la lista de palabras clave que tenemos posicionadas. Cuanto más larga sea una lista, más largo tendremos estirado el *long tail* y mejor será el posicionamiento de una *web*. En la actualidad un claro ejemplo de un *long tail* estirado es el de Wikipedia; por ello se habla de ella como un claro ejemplo de un posicionamiento *web* perfecto.

N

- ***Nofollow***. Son los enlaces con la característica de indicar a los motores de búsqueda la baja calidad de los mismos, lo que les otorga un menor valor.

O

- ***ON line***. Se refiere al medio en línea o internet.

- ***OFF line***. Se refiere al medio externo a la red o internet.

P

- **Peso *web***. Se denomina así al total de *urls* distintas dentro de un mismo dominio, que han sido indexadas por el buscador.

- **Porcentaje de rebote**. Es el factor más importante de posicionamiento *web* en negativo, y forma parte del grupo de parámetros con mayor relevancia: el de la experiencia del usuario. Se refiere al porcentaje de usuarios que entran en una *url*, no encuentran la información, producto o servicio que están buscando y salen de la *url*. A mayor porcentaje de rebote, peor para el posicionamiento de esa *url*.

- ***Posts***. Son las entradas publicadas en un *blog*. Con ellas ganamos peso *web* y notoriedad si los contenidos son originales y de calidad. La frecuencia en la publicación ayuda enormemente en el posicionamiento de cualquier *web*.

Ṡ

- **_SEO_**. Es una abreviatura de la expresión inglesa _search engine optimization_, lo que traducido al castellano significa «optimización para motores de búsqueda». Se llama así a la acción del conjunto de técnicas y trabajos realizados sobre una _web_ o _blog_ para su posicionamiento en los buscadores.

- **SEM**. Es una abreviatura de la expresión en inglés _search engine marketing_, lo que traducido al castellano significa «_marketing_ para motores de búsqueda». Se llama así a la acción del conjunto de técnicas y trabajos realizados sobre una _web_ o _blog_ para conseguir ser atractivo en los buscadores.

- **_Sitemap_**. Fichero interno de un dominio que indica al algoritmo de Google la estructura de sus páginas. Otro factor de posicionamiento, que ayuda si contamos con él de forma limpia, y perjudica si no existe o es difícil de entender.

Ü

- **_URL_**. Son cada una de las direcciones _web_ que forman un dominio.

- ***White*** **SEO**. Son el conjunto de acciones, técnicas y trabajos realizados sobre una *web* para su posicionamiento en los buscadores, basadas en buenas prácticas como publicar contenido de calidad, conseguir enlaces externos desde sitios *web* o *blogs* de alta reputación y actualizar las redes sociales entre otros.

- ***Wikipedia***. Plataforma por todos conocida y reflejo perfecto de un excelente trabajo SEO con cientos de miles de *urls* únicas dentro del mismo dominio y un *long tail* totalmente estirado. Esto le aporta millones de visitas cada día.

- **WordPress**. Es una plataforma de alojamiento de páginas *web* y *blogs*. Su código y plantillas son óptimas para el posicionamiento en Google. Con ellas podemos ganar peso *web* de una forma muy sencilla si publicamos contenidos de calidad. El único factor negativo es el peso de su código *html*, en parte innecesario y que perjudica la velocidad de carga para dispositivos móviles.

 **Posiciona** +   # Patrocinio

Este libro está patrocinado por **Posiciona +**, la agencia y consultoría SEO que está revolucionando el sector del posicionamiento *web* con pautas de calidad y clientes en todos los sectores económicos *online*.

Nuestros servicios están basados en pautas de posicionamiento dirigidas hacía la buena experiencia de los usuarios. El objetivo es siempre el mismo: tener la mejor *web* de cada sector. Con esa intención honesta asentada en contenidos únicos, es siempre más sencillo conseguir resultados óptimos.

En nuestra empresa tenemos soluciones de posicionamiento *web* en Google y cualquier otra plataforma *web* relevante de cualquier sector.

Web: **www.posionamas.com**
E-mail: **info@posicionamas.com**

Autores para la formación

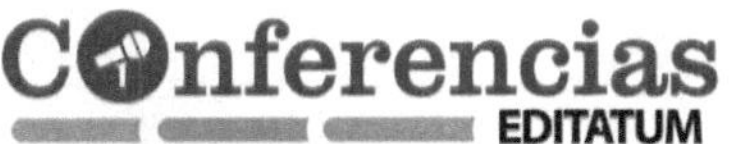

Editatum y **GuíaBurros** te acercan a tus autores favoritos para ofrecerte el servicio de formación GuíaBurros.

Charlas, conferencias y cursos muy prácticos para eventos y formaciones de tu organización.

Autores de referencia, con buena capacidad de comunicación, sentido del humor y destreza para sorprender al auditorio con prácticos análisis, consejos y enfoques que saben imprimir en cada una de sus ponencias.

Conferencias, charlas y cursos que representan un entretenido proceso de aprendizaje vinculado a las más variadas temáticas y disciplinas, destinadas a satisfacer cualquier inquietud por aprender.

Consulta nuestra amplia propuesta en **www.editatumconferencias.com** y organiza eventos de interés para tus asistentes con los mejores profesionales de cada materia.

Nuestras colecciones

Guías para todos aquellos que deseen ampliar sus conocimientos sobre asuntos específicos, grandes personajes, épocas, culturas, religiones, etc., ofreciendo al lector una amplia y rica visión de cada una de las temáticas, accesibles a todos los lectores.

Guías para gestionar con éxito un negocio, vender un producto, servicio o causa o emprender. Pautas para dirigir un equipo de trabajo, crear una campaña de marketing o ejercer un estilo adecuado de liderazgo, etc.

Guías para optimizar la tecnología, aprender a escribir un blog de calidad, sacarle el máximo partido a tu móvil. Orientaciones para un buen posicionamiento SEO, para cautivar desde Facebook, Twitter, Instagram, etc.

Guías para crecer. Cómo crear un blog de calidad, conseguir un ascenso o desarrollar tus habilidades de comunicación. Herramientas para mantenerte motivado, enseñarte a decir NO o descubrirte las claves del éxito, etc.

Guías prácticas dirigidas a la salud y el bienestar. Cómo gestionar mejor tu tiempo, aprenderás a desconectar o adelgazar comiendo en la oficina. Estrategias para mantenerte joven, ofrecer tu mejor imagen y preservar tu salud física y mental, etc.

Guías prácticas para la vida doméstica. Consejos para evitar el cyberbulling, crear un huerto urbano o gestionar tus emociones. Orientaciones para decorar reciclando, cocinar para eventos o mantener entretenido a tu hijo, etc.

Guías prácticas dirigidas a todas aquellas actividades que no son trabajo ni tareas domésticas esenciales. Juegos, viajes, en definitiva, hobbies que nos hacen disfrutar de nuestro tiempo libre.

Guías para aprender o perfeccionar nuestra técnica en deportes o actividades físicas escritas por los mejores profesionales de la forma más instructiva y sencilla posible,

Crear una Web en WordPress

guía burros

Crear una Web en WordPress

Todo lo que debes saber para crear tu propia Web en WordPress

Daniel Regidor

GuíaBurros WordPress es una guía básica con todo lo que debes saber para crear una web en WordPress.

Reglamento General de Protección de Datos

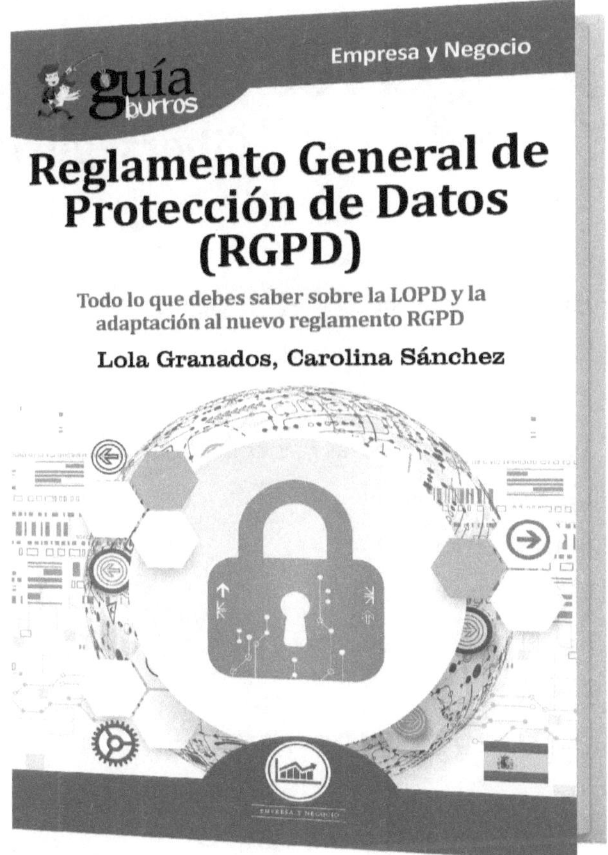

GuíaBurros Reglamento General de Protección de Datos es una guía básica con todo lo que debes saber sobre la LOPD y la adaptación al nuevo reglamento RGPD.

+INFO

http://www.rgpd.guiaburros.es

Ciberseguridad

GuíaBurros Ciberseguridad es una guía básica
con todo lo que debes saber para tener vidas
digitales más seguras.

+INFO

http://www.ciberseguridad.guiaburros.es

Tus derechos como ciudadano y consumidor

- El individuo en su condición de persona
- El individuo en su condición de familiar
- El individuo y el tráfico contractual
- El individuo en su condición de administrado
- El individuo y el acceso a la justicia

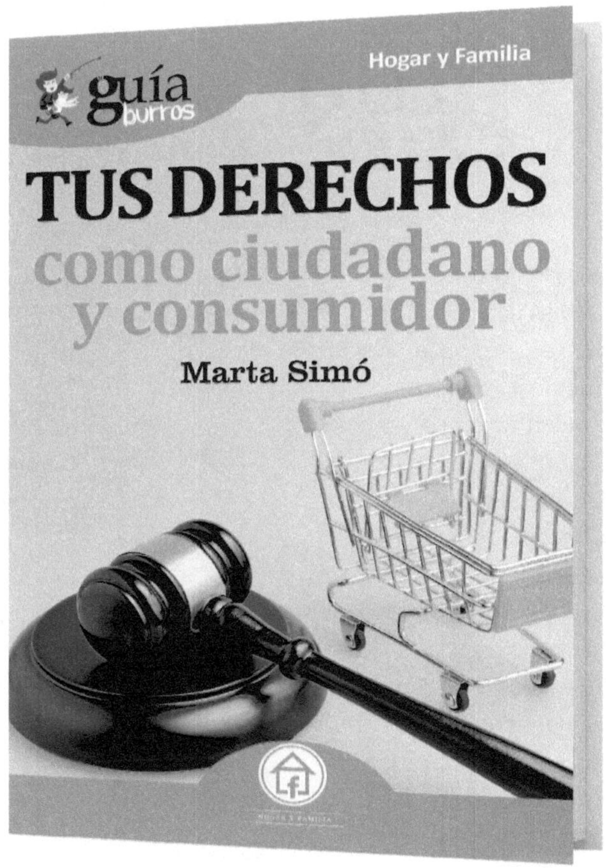

GuíaBurros Tus derechos como ciudadano y consumidor es una guía con todo lo que debes saber sobre tus derechos como ciudadano y consumidor.

Neurocoaching

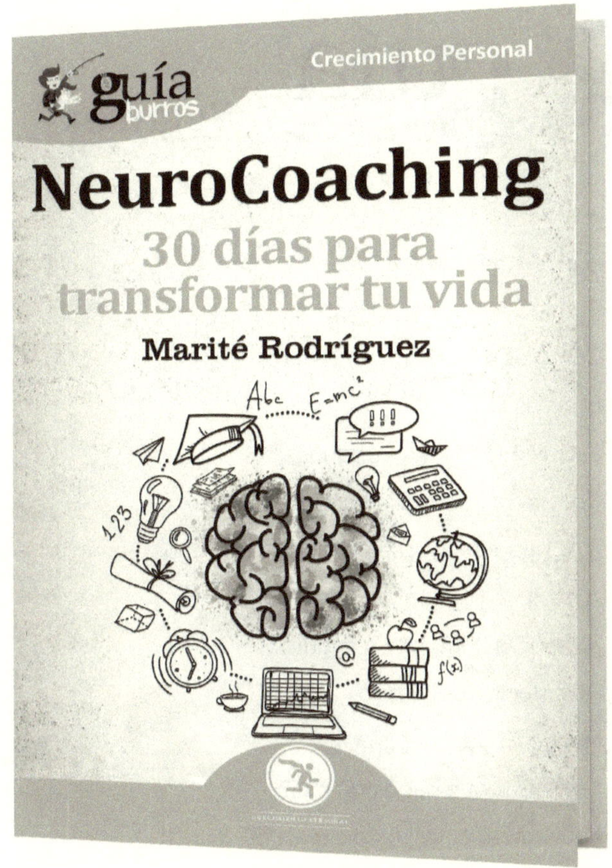

GuíaBurros Neurocoaching es una guía básica con todo lo que debes saber para transformar tu vida en 30 días.

+INFO

http://www.neurocoaching.guia-burros.com

 Seguros

GuíaBurros Seguros es una guía básica con todo lo que necesitas saber antes de contratar un seguro.

Hablar y escribir correctamente

- La sencillez en la exposición
- Hoja de ruta de nuestro escrito
- Claridad y concisión
- Comunicación y retroalimentación
- Metáforas e imágenes
- Evitemos lenguas extranjeras
- Reescribir y revisar
- El correo electrónico
- Charlas y presentaciones
- Términos básicos
- Evitemos la voz pasiva
- Forma continua o progresiva
- Laísmo, leísmo, loísmo
- Ortografía, puntuación y acentuación
- Elementos de redacción
- Palabras y locuciones que se emplean mal
- Clichés, frases hechas y tópicos
- Errores idiomáticos

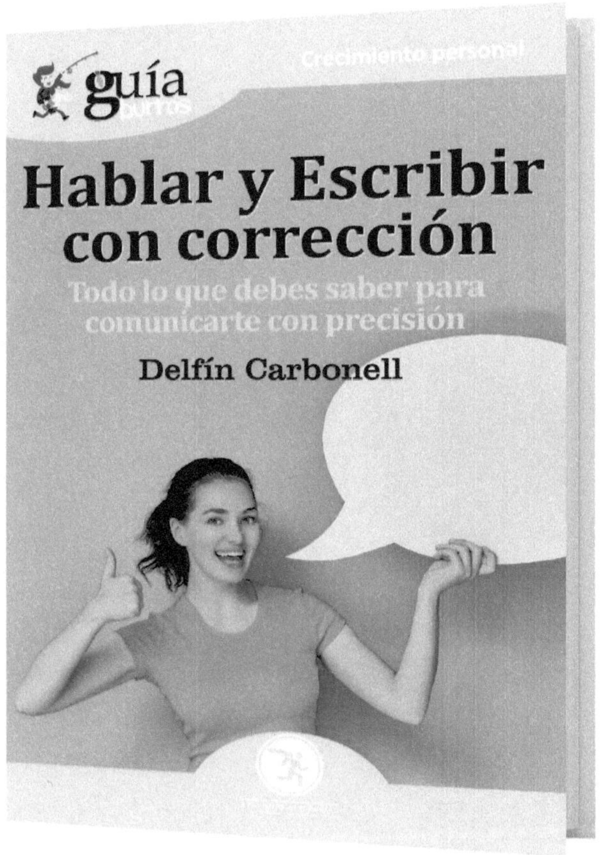

GuíaBurros Hablar y escribir correctamente es una guía básica con todo lo que debes saber para comunicarte con precisión

+INFO

http://www.hablaryescribir.guia-burros.com

Nuestra colección

www.ingramcontent.com/pod-product-compliance
Lightning Source LLC
Chambersburg PA
CBHW022136150726
47992CB00002B/628